Kohlhammer

Die Autorinnen

Prof. Dr. Katrin Alt ist Diplom-Pädagogin und hat im Bereich der Sprachbildung und des Philosophierens mit Kindern promoviert. Nach drei Jahren als Kitaleitung in der Praxis und Tätigkeiten als wissenschaftlicher Mitarbeiterin an den Universitäten Hamburg und Bremen ist sie seit 2020 als Professorin im Studiengang Bildung und Erziehung in der Kindheit an der HAW Hamburg tätig.

Dr. Annette Prochnow ist Diplom-Pädagogin mit Schwerpunkt Elementarpädagogik sowie Sprachheilpädagogin (Magister) und hat zur frühen kindlichen Sprachentwicklung promoviert. Nach langjähriger Tätigkeit als wissenschaftliche Mitarbeiterin im Studiengang Bildung und Erziehung in der Kindheit an der HAW Hamburg ist sie aktuell Qualitätsmanagerin eines Hamburger Kita-Trägers.

Katrin Alt/Annette Prochnow

Kinder entdecken Sprache

Sprachentwicklung, Sprachbildung und Sprachförderung in der Kita

Verlag W. Kohlhammer

Dieses Werk einschließlich aller seiner Teile ist urheberrechtlich geschützt. Jede Verwendung außerhalb der engen Grenzen des Urheberrechts ist ohne Zustimmung des Verlags unzulässig und strafbar. Das gilt insbesondere für Vervielfältigungen, Übersetzungen, Mikroverfilmungen und für die Einspeicherung und Verarbeitung in elektronischen Systemen.

Die Wiedergabe von Warenbezeichnungen, Handelsnamen und sonstigen Kennzeichen in diesem Buch berechtigt nicht zu der Annahme, dass diese von jedermann frei benutzt werden dürfen. Vielmehr kann es sich auch dann um eingetragene Warenzeichen oder sonstige geschützte Kennzeichen handeln, wenn sie nicht eigens als solche gekennzeichnet sind.

Es konnten nicht alle Rechtsinhaber von Abbildungen ermittelt werden. Sollte dem Verlag gegenüber der Nachweis der Rechtsinhaberschaft geführt werden, wird das branchenübliche Honorar nachträglich gezahlt.

Dieses Werk enthält Hinweise/Links zu externen Websites Dritter, auf deren Inhalt der Verlag keinen Einfluss hat und die der Haftung der jeweiligen Seitenanbieter oder -betreiber unterliegen. Zum Zeitpunkt der Verlinkung wurden die externen Websites auf mögliche Rechtsverstöße überprüft und dabei keine Rechtsverletzung festgestellt. Ohne konkrete Hinweise auf eine solche Rechtsverletzung ist eine permanente inhaltliche Kontrolle der verlinkten Seiten nicht zumutbar. Sollten jedoch Rechtsverletzungen bekannt werden, werden die betroffenen externen Links soweit möglich unverzüglich entfernt.

1. Auflage 2024

Alle Rechte vorbehalten
© W. Kohlhammer GmbH, Stuttgart
Gesamtherstellung: W. Kohlhammer GmbH, Heßbrühlstr. 69, 70565 Stuttgart
produktsicherheit@kohlhammer.de

Print:
ISBN 978-3-17-039830-6

E-Book-Formate:
pdf: ISBN 978-3-17-039831-3
epub: ISBN 978-3-17-039832-0

Inhalt

Einleitung 7

I Spracherwerb des Kindes im Alter von 0–6 Jahren

1 Meilensteine des Spracherwerbs 11

2 Voraussetzungen für einen gelingenden Spracherwerb 33

3 Spracherwerb unter Bedingungen von Mehrsprachigkeit 39

4 Mehrsprachigkeit in der Kindertagesstätte 53

5 Bildungssprache im Übergang von der Kita in die Schule 69

6 Sprachdiagnostik 79

II Sprachliche Bildung

7 Begriffsklärungen und konzeptuelle Grundlagen 95

8 Die Rolle der pädagogischen Fachkraft: Interaktionsfördernde Verhaltensweisen 100

9	Literacy-Förderung: Zusammenhänge zwischen Sprache und Schrift	109
10	Dialogisches Lesen als alltagsintegriertes Sprachbildungsangebot	119
11	Erzählförderung	129
12	Mehrsinngeschichten im inklusiven Kontext	139
13	Philosophieren mit Kindern als sprachbildendes Prinzip	151

Anhang

Literaturverzeichnis	165

Einleitung

»Ich hab' so einen großen Wortschatz – der reicht vom Kopf bis zu den Zehenspitzen.« (Nika, 6 Jahre)

Der Erwerb einer oder mehrerer Sprachen ist eine der wichtigsten Entwicklungsaufgaben der frühen Kindheit. Jedes Kind eignet sich die Sprache(n) seiner Lebenswelt gemäß individuellen Voraussetzungen in seinem eigenen Tempo und durch die Interaktion mit seinen Bezugspersonen an. Dennoch gibt es für die verschiedenen Spracherwerbsbereiche, wie zum Beispiel die Laut- und Wortschatzentwicklung sowie die Entwicklung grammatischer Kompetenzen, gut belegte sensible Phasen, die der Orientierung in der Beurteilung einer altersgemäßen Entwicklung der Kinder dienen. Sich dieser bewusst zu sein, hilft im Alltag, die Entwicklung der Kinder besser einschätzen und fördern zu können.

Das vorliegende Buch bietet einen wissenschaftlich fundierten und zugleich praxisnahen Überblick der auf den kindlichen Spracherwerb bezogenen Themenfelder aus pädagogischer Perspektive. Es liefert somit den Grundstein für das notwendige Fachwissen, das pädagogische Fachkräfte in Kindertagesstätten benötigen, um professionell und handlungssicher agieren zu können. Darüber hinaus bietet es eine Vielzahl an praktischen Anregungen zur Umsetzung im pädagogischen Alltag und als spezifische Angebote.

Im ersten Teil des Buchs werden die Grundlagen des kindlichen Spracherwerbs von Geburt an bis hin zum Übergang in die Grundschule aufgezeigt. Weitere wichtige kindliche Entwicklungsvoraussetzungen sowie auch der Einfluss des Interaktionsverhaltens der pädagogischen Fachkräfte und der Eltern werden beschrieben. Zur Sensibilisierung einer altersentsprechenden Entwicklung in Abgrenzung einer förderbedürftigen

Entwicklung des Kindes werden verschiedene sprachdiagnostische Verfahren vorgestellt. Dafür werden aktuell verfügbare Verfahren (z. B. Sismik, Seldak, Liseb, BaSiK) beschrieben, hinsichtlich ihrer Anwendungsbereiche systematisiert und Möglichkeiten und Grenzen des Einsatzes in der pädagogischen Praxis aufgezeigt.

In deutschen Großstädten wachsen inzwischen mehr als die Hälfte der Kinder mit Deutsch als Zweitsprache auf. Zusätzlich zum Spracherwerb einsprachiger Kinder werden daher auch Entwicklungsbedingungen für simultan und sukzessiv zweisprachig aufwachsende Kinder vorgestellt. Den ersten Teil rundet ein Kapitel ab, in dem das Konstrukt der »Bildungssprache« erläutert wird. Dabei handelt es sich um ein sprachliches Register, welches Kinder sich mit zunehmendem Alter aneignen, um sich fachlich richtig und grammatikalisch differenziert ausdrücken zu können. Bildungssprachliche Fähigkeiten spielen im Übergang in die Grundschule eine wichtige Rolle und können bereits in der Kita alltagsintegriert angebahnt werden.

Im zweiten Teil des Buchs geht es darum, verschiedene praktische Fördermöglichkeiten in der Kita aufzuzeigen. Dafür werden einerseits Möglichkeiten der alltagsintegrierten Sprachbildung und Sprachförderung aufgezeigt sowie andererseits auch Methoden und Anlässe, um gezielt komplexe sprachliche Äußerungen der Kinder herauszufordern. Der Bereich der Literacy-Entwicklung wird mit aufgenommen, um zu erläutern, wie gesprochene Sprache und Schrift sowie Literaturerfahrungen miteinander zusammenhängen. In vier aufeinanderfolgenden Kapiteln werden das Dialogische Lesen, die Erzählförderung, der Einsatz von Mehrsinnesgeschichten und das Philosophieren mit Kindern mit ihren Potenzialen für die Förderung der kindlichen Sprachentwicklung dargestellt und mit vielen didaktischen Tipps zur Umsetzung im Kita-Alltag erläutert, damit sprachliche Bildung nicht nur eine wichtige Aufgabe bleibt, sondern auch einfach Spaß macht.

I Spracherwerb des Kindes im Alter von 0–6 Jahren

1 Meilensteine des Spracherwerbs

Der Erwerb der Sprache stellt eine der bedeutendsten Entwicklungsaufgaben in der Kindheit dar. Unabhängig davon, ob ein Kind die Laut- oder Gebärdensprache erwirbt oder ob eine oder mehrere Sprachen gelernt werden: Die wichtigsten Entwicklungsschritte vollziehen sich in früher Kindheit. Diese Entwicklungsschritte werden von jedem Kind in ähnlicher Weise und grundsätzlich vergleichbar durchlaufen. Es gibt allerdings zwischen den Kindern große individuelle Unterschiede, auch besonders hinsichtlich des zeitlichen Verlaufs. Jedes Kind erwirbt die Sprache im eigenen Tempo, sodass die Altersangaben für die Erreichung von bestimmten Meilensteinen immer nur einen groben Orientierungsrahmen bilden können.

In diesem Kapitel werden die wichtigsten Meilensteine des Spracherwerbs überblicksweise beschrieben. Zunächst ist es allerdings wichtig, einen detaillierteren Blick auf das Wesen der Sprache zu werfen: Welche Strukturen liegen der Sprache zugrunde und was genau lernt ein Kind, wenn es Sprache erwirbt?

1.1 Die Komponenten der Sprache

»Für die meisten Menschen ist die Struktur der Sprache etwas völlig Selbstverständliches. Wir sind so daran gewöhnt, unsere Muttersprache mit unbefangener Mühelosigkeit zu sprechen und zu verstehen, daß uns die vielschichtige sprachliche Architektur, die nahezu jedem Satz zugrunde liegt, gar nicht auffällt.« (Crystal 1998, S. 81)

Das Wissen um diese »vielschichtige sprachliche Architektur« spielt für Kinder natürlich ebenfalls keine bewusste Rolle, denn sie erwerben die Sprache unbewusst. Niemand erklärt ihnen die Regeln, sondern sie müssen sie sich selbst aus dem Sprachstrom, der sie umgibt, erschließen und ableiten. Aber auch erwachsenen Sprecher*innen sind die Komponenten der Sprache und die Regeln ihrer Zusammensetzung nicht immer bewusst.

Gustav (2;3 Jahre) beobachtet aus dem Fenster heraus, wie draußen Kinder spielen. Zu seinem Vater gewandt sagt er: »Gugu auch Bipla Tinner«.

Inhaltlich lässt sich die kommunikative Absicht des Satzes aus dem Kontext heraus erschließen: Gustav (Gugu) möchte auch auf den Spielplatz (Bipla) zu den Kindern (Tinner) gehen. Werden nur die sprachlichen Strukturen betrachtet, ist aus Erwachsenenperspektive auch leicht zu erkennen, dass dieser Satz, verglichen mit der Norm der Erwachsenensprache, noch nicht korrekt ist. Der Satz ist unvollständig, denn es fehlen Wörter. Und die, die genannt werden, werden falsch ausgesprochen. Schwieriger ist es schon zu benennen, in welchen sprachlichen Strukturen genau die »Fehler« stecken. Noch schwieriger ist es, zu bewerten, ob diese »Fehler« Teil eines altersentsprechenden Sprachentwicklungsverlaufs sind oder ob sie bereits eine Auffälligkeit im Spracherwerb darstellen. Um diese Fragen besser beantworten zu können, lohnt es sich, sich einmal etwas näher damit auseinanderzusetzen, was Sprache ist und wie sie aufgebaut ist. Denn für pädagogische Fachkräfte, zu deren Aufgaben die Beobachtung, Dokumentation und Begleitung von individuellen Spracherwerbsverläufen gehört, ist das Wissen über die Strukturen der Sprache von hoher Bedeutung. Dieses Wissen ermöglicht es, den Spracherwerb eines Kindes noch detaillierter einschätzen zu können, etwaige Auffälligkeiten konkreter beschreiben und benennen zu können sowie auch gezielt den Spracherwerb unterstützen zu können.

Nach Kauschke lässt sich Sprache »als gegliedertes System von Zeichen betrachten, in dem Einheiten zu größeren Komplexen kombiniert oder in kleinere Elemente zergliedert werden können« (Kauschke 2012, S. 2). Welche Regeln und Einheiten der Sprache zugrunde liegen, werden in der Sprachwissenschaft klassischerweise auf Basis der Disziplinen Phonologie, Semantik, Morphologie, Syntax und Pragmatik beschrieben. Sie dienen in der Spracherwerbsforschung auch zur Strukturierung der Beschreibung von kindlichen Spracherwerbsverläufen. Die Meilensteine des kindlichen Spracherwerbs werden daher in diesem Kapitel anhand der sprachlichen Komponenten (häufig auch Ebenen genannt) Phonetik und Phonologie, Semantik, Syntax und Morphologie sowie Pragmatik beschrieben. Um kommunizieren zu können, müssen sich Kinder in den ersten Lebensjahren die Regeln erschließen, nach denen die einzelnen Einheiten der Sprache zusammengesetzt werden, und wie diese Regeln angewandt werden können. So lernt ein Kind (z. B. Kauschke 2012, S. 2),

- Laute zu erkennen, voneinander zu unterscheiden und selbst zu produzieren (phonetische und phonologische Ebene),
- Wörter zu verstehen, zu speichern und diese wieder abzurufen (lexikalisch-semantische Ebene),
- aus Wörtern Sätze nach bestimmten Regeln zu bilden (morphologisch-syntaktische Ebene/Grammatik),
- Sprache situationsangemessen zu verwenden und kommunikative Regeln einzuhalten (kommunikativ-pragmatische Ebene).

Im Folgenden werden die Sprachkomponenten etwas konkreter beschrieben.

1.1.1 Phonetik und Phonologie

Die Disziplinen der Phonetik und Phonologie befassen sich mit den kleinsten Einheiten der Sprache, den Lauten.

In der *Phonetik* geht es darum, dass Kinder lernen, Laute und Lautverbindungen hervorzubringen (Kannengieser 2019, S. 46). So lernen sie zum Beispiel ein [s] oder ein [k] zu bilden, es steht also der motorische Vorgang des Sprechens im Vordergrund. Gustav aus dem Beispiel oben hat vielleicht noch nicht gelernt, den Laut bzw. das *Phon* [k] zu bilden, und ersetzt ihn deshalb durch ein [t]. In den ersten Lebensjahren müssen die Kinder lernen, die verschiedensten Laute zu artikulieren. Dabei werden die leichter zu bildenden, das heißt feinmotorisch weniger anspruchsvollen Laute früher erworben als Laute, die aufgrund der erforderlichen muskulären Feinspannung schwieriger sind.

Tab. 1.1: Übersicht des phonetischen Lauterwerbs nach Altersstufen

Alter	Laut
bis 1;11	[m], [b], [d], [t], [n]
bis 2;5	[p], [v] (Wal), [f], [l]
bis 2;11	[g], [k], [h], [pf], [R], [x] (Dach)
bis 3;5	[j], [ŋ] (Hang)
bis 4;5	[ç] (Licht)
bis 4;11	[ʃ]

Die Lautentwicklung wurde in einer Studie von Fox und Dodd (1999) untersucht. Die in der Tabelle 1.1 gezeigten Laute wurden im Rahmen der Studie in der jeweiligen Altersgruppe von 90 % der Kinder gebildet. Die Tabelle zeigt, dass ein Großteil der Phone schon bis zum Ende des dritten Lebensjahrs erworben wird. Nur die korrekte Bildung der Laute [s] wie in »Hase«, [z] wie in »Bus« und [ts] wie in »Zug« wird häufiger erst nach Vollendung des 5. Lebensjahres erworben (Fox & Dodd 1999, nach Fox-Boyer & Schwytay 2017, S. 34).

In der *Phonologie* geht es um die Funktion und Verwendung von Lauten innerhalb eines Sprachsystems. »Nicht alle phonetisch beschriebenen Laute haben in jeder Sprache einen Platz. So dient z. B. ein Rachenlaut in der deutschen Sprache nicht als Element von Wörtern« (Kannengieser 2019, S. 59). Kinder müssen im Rahmen des Spracherwerbs also lernen, welche Laute in der Sprache, die sie erwerben, eine Funktion haben und nach welchen Regeln sie diese kombinieren können. Die kleinsten bedeutungsunterscheidenden Lauteinheiten werden in der Phonologie *Phoneme* genannt. Die beiden Wörter »Regen« und »legen« unterscheiden sich zum Beispiel nur durch einen einzigen Laut (Phonem), /r/ oder /l/. Je nachdem, welches Phonem verwendet wird, ändert sich auch die Bedeutung. Es ist also bedeutungsunterscheidend. Welche Phoneme jeweils eine bedeutungsunterscheidende Funktion haben, ist von Sprache zu Sprache unterschiedlich, jede Sprache hat ihr eigenes Phoneminventar und zudem eigene Regeln dafür, wie die Phoneme miteinander kombiniert werden können (*Phonotaktik*). Im Deutschen ist zum Beispiel die Lautkombination [prz] nach den phonotaktischen Regeln nicht zulässig – im Polnischen ist dies aber erlaubt, wie das polnische Wort »Przepraszam« (dt. Entschuldigung) zeigt.

Im Rahmen der phonetischen und phonologischen Entwicklung baut sich ein Kind also ein phonetisches Inventar auf, welches alle Laute (Phone) beinhaltet, die ein Kind bilden kann – losgelöst davon, ob es diese Laute auch schon an die richtige Stelle im Wort setzt. Zusätzlich baut es sich ein phonemisches Inventar auf, welches die Laute (Phoneme) beinhaltet, die an korrekter Stelle im Wort platziert werden – auch wenn die Bildung der Laute möglicherweise noch nicht ganz korrekt ist (Fox-Boyer & Neumann 2017, S. 15). Ein wichtiger Meilenstein ist in diesem Zusammenhang auch der Erwerb der phonologischen Bewusstheit, welcher in Kapitel 11 näher beschrieben wird (▶ Kap. 11).

Auf lautlicher Ebene lassen sich Sprachen zudem anhand ihrer spezifischen *Prosodie* charakterisieren. Dazu gehört zum Beispiel die Betonung von Wörtern oder Sätzen und auch der Sprechrhythmus. Im Deutschen werden Wörter typischerweise in der Form des Trochäus betont, das heißt auf eine betonte Silbe folgt eine unbetonte Silbe (z. B. *Na*se, *Ker*ze). Die umgekehrte Reihenfolge ist ebenfalls möglich, kommt aber nicht so häufig vor (z. B. Sa*lat*) (Kauschke 2012, S. 39). Auf Satzebene ist es zum Beispiel charakteristisch, dass bei Fragen die Tonhöhe am Ende des Satzes nach oben geht. Auch wenn manche Sprachen sich hinsichtlich ihrer prosodischen Eigenschaften ähneln, so besitzt doch jede Sprache eine einzigartige Prosodie, die sich die Kinder im Laufe des Spracherwerbs aneignen.

1.1.2 Semantik

Sprache lässt sich nicht nur anhand ihrer lautlichen Eigenschaften charakterisieren. Das wohl augenscheinlichste Merkmal ist, dass Sprache aus Wörtern besteht. Zentral bedeutsam für die kommunikative Funktion von Sprache ist die Übermittlung von Bedeutungen, die Wörter, Äußerungen und Sätze ausdrücken. Wörter sind zunächst einmal Symbole und repräsentieren zum Beispiel Begriffe oder Kategorien. Der Zusammenhang zwischen Symbol und Inhalt folgt dabei keinen festen Regeln, sondern wird mehr oder weniger willkürlich durch eine Sprachengemeinschaft festgelegt (Ruberg & Rothweiler 2012, S. 96). Die Bedeutung der Wörter steht dabei als zentrale semantische Einheit im Vordergrund der Betrachtung. Damit befasst sich die linguistische Teildisziplin der *Semantik*. Die Gesamtheit der Wörter einer Sprache werden *Lexikon* genannt, wobei dieser Begriff auch verwendet wird, um die Gesamtheit der Wörter zu bezeichnen, über die eine individuelle Person verfügt. Häufig wird hierfür auch der Begriff *Wortschatz* verwendet (Kannengieser 2019, S. 222). Zur Charakterisierung des kindlichen Spracherwerbsstandes wird dieser meist in einen aktiven und einen passiven Wortschatz aufgeteilt: Der passive Wortschatz umfasst dabei alle Wörter, die das Kind versteht, während der aktive Wortschatz die Wörter einschließt, die ein Kind auch selbst spricht.

Wörter haben immer eine »Ausdrucks- und eine Inhaltsseite« (Kannengieser 2019, S. 223).

Nach einem Beispiel von Kannengieser (2019, S. 223) entspricht das Wort »granfieren« hinsichtlich des äußeren Ausdrucks einem deutschen Wort. Die Anordnung der Laute ist für die Sprache zulässig und Sprecher*innen der deutschen Sprache können dieses auch grammatikalisch konjugieren (»Ich granfiere, du granfierst...«) und so in verschiedenen Wortformen bringen. Auf inhaltlicher Seite ist das Wort aber mit keiner Bedeutung versehen.

Das Erlernen von Wortformen und Wortbedeutungen im Rahmen des Spracherwerbs ist eine höchst komplexe und anspruchsvolle Aufgabe, denn die Kinder müssen große Mengen an Informationen verarbeiten und »raten«, welche Bedeutung mit einem neuen Wort verknüpft ist. Dies wird durch folgendes Beispiel von Hill und Kuczaj II (2017, S. 365) verdeutlicht. Einem Kind wird ein Bild von einem Mann, der auf einem Elefanten reitet, gezeigt und dazu gesagt: »Schau mal, ein Elefant«. Das Kind hatte das Wort »Elefant« zuvor noch nie gehört und auch noch keinen Elefanten gesehen. In dieser Situation gibt es für das Kind also eine Vielzahl an Möglichkeiten, was das Wort Elefant bedeuten kann. So kann es zum Beispiel »ein Mann reitet auf einem Elefanten«, »große Ohren« oder »lange Nase« bedeuten. Bei dieser Vielzahl an Möglichkeiten ist es daher nicht verwunderlich, dass die Bedeutungen auch manchmal falsch eingeschätzt werden. Im Rahmen des Wortschatzerwerbs entsteht im kindlichen mentalen Lexikon »mit der Zeit (…) ein dichtes Netz an Verbindungen zwischen Wörtern.« (Ruberg & Rothweiler 2012, S. 100)

Welche Wörter ein Kind lernt, ist dabei höchst individuell, da es immer von seiner unmittelbaren sozialen und kulturellen Umwelt abhängt, mit welchen Gegenständen und Begriffen es konfrontiert wird.

1.1.3 Morphologie und Syntax (Grammatik)

Die Ebene Morphologie und Syntax beschreibt die Grammatik einer Sprache. Der Begriff Morphologie bezieht sich dabei auf die Wortgrammatik, während der Begriff der Syntax sich auf die Satzgrammatik bezieht – beide Komponenten stehen jedoch in wechselseitiger Beziehung zueinander (Kannengieser 2019, S. 149).

Im Rahmen der Wortgrammatik geht es zum Beispiel darum, die Wortart eines Wortes zu bestimmen. Im Satz »das Kind spielt« ist »das« ein Artikel, »Kind« ein Substantiv und »spielt« ein Verb. Innerhalb der Gruppe der Wortarten wird noch einmal zwischen den übergeordneten Klassen der Inhalts- und Funktionswörtern unterschieden. Inhaltswörter beinhalten eine inhaltliche Information. Zu den Inhaltswörtern gehören Nomen (»Fahrrad«), Verben (»malen«), Adjektive (»klein«) oder Adverbien (»gern«). Funktionswörter hingegen haben eine grammatische Funktion. Dazu gehören zum Beispiel Artikel (»die«), Präpositionen (»auf«) und Konjunktionen (»weil«) (Szagun 2019, S. 25). Im obigen Beispielsatz ist »das« ein Funktionswort, während »Kind« und »spielt« Inhaltswörter sind.

Zusätzlich geht es darum, wie ein Wort flektiert (gebeugt) werden kann, also welche Wortformen es annehmen kann (Kannengieser 2019, S. 152). So kann das Wort »Kind« die weiteren Formen »Kinder«, »Kindes« und »Kindern« annehmen.

Gegenstand der Wortgrammatik ist auch die Zusammensetzung der Wörter aus verschiedenen Einheiten. Diese Einheiten werden Morpheme genannt und werden auch als kleinste bedeutungstragende Spracheinheiten bezeichnet. Das Wort »Kinder« ist zum Beispiel aus zwei Morphemen zusammengesetzt, »Kind« ist der Wortstamm und »-er« bezeichnet die Endung in der Form einer Pluralmarkierung. Morpheme dürfen allerdings nicht mit Silben verwechselt werden. So besteht das Wort »Wasser« z. B. aus zwei Silben (Was-ser), aber nur aus einem Morphem, nämlich dem Wortstamm.

Die Syntax, häufig auch als Satzbau bezeichnet, befasst sich mit den Regeln, nach denen Wörter zu Sätzen verbunden werden, und der Funktion, die die Wörter und Wortgruppen (Satzglieder) im Satz einnehmen (Kannengieser 2019, S. 148). In der deutschen Syntax gibt es einige Besonderheiten, die sich im Modell der topologischen Felder darstellen lassen. Im Rahmen des Modells werden Sätze in verschiedene Stellungsfelder aufgeteilt. Dazu gehören das Vorfeld, die linke Satzklammer, das Mittelfeld und die rechte Satzklammer. Angelehnt an das Beispiel von Chilla (2022, S. 12) liegt dem Satz »Das Mädchen hat den Ball gefangen« und seinen verschiedenen Varianten eine gemeinsame Grundstruktur zugrunde (▶ Tab. 1.2).

Tab. 1.2: Grundstruktur eines Satzes

Vorfeld	linke Verbklammer	Mittelfeld	rechte Verbklammer
Das Mädchen	hat	den Ball	gefangen.
Den Ball	hat	das Mädchen	gefangen.
Was	hat	das Mädchen	gefangen?
	Hat	das Mädchen den Ball	gefangen?

Im Vorfeld darf immer nur ein Satzglied stehen. Bei Aufforderungen oder Entscheidungsfragen bleibt das Vorfeld frei. Auch die Stellung der Verben im Satz ist festgelegt. Der Erwerb der Verbstellung stellt eine zentrale Spracherwerbsaufgabe dar. Im Deutschen steht im einfachen Hauptsatz das finite Verb stets an der zweiten Stelle (linke Verbklammer), während das infinite Verb am Satzende steht (rechte Verbklammer). Finite Verben werden hinsichtlich Person und Numerus dem Subjekt angepasst (Subjekt-Verb-Kongruenz), also konjugiert (»gebeugt«). In dem Satz »Das Kind spielt« steht das Subjekt zum Beispiel in der dritten Person Singular, wodurch sich die Endung »-t« ergibt. Infinite Verben hingegen werden nicht hinsichtlich Person und Numerus dem Subjekt angepasst, sie werden also nicht konjugiert. Dazu gehören die folgenden Formen: Infinitiv (Grundform) (»Das Kind möchte *spielen*«), Partizip I (»Das Kind sitzt *spielend* auf dem Boden«) und Partizip II (»Das Kind hat heute viel *gespielt*«). Zusammen bilden das finite und das infinite Verb die Satzklammer – wobei nicht jeder Satz ein infinites, immer jedoch ein finites Verb besitzt. Der Erwerb der Satzklammer ist eine zentrale Erwerbsaufgabe im Rahmen der Grammatikentwicklung. Zunächst stellen die Kinder die Verben typischerweise ans Satzende, bevor sie lernen, es an die zweite Position im Hauptsatz zu stellen (Clahsen 1988, S. 44).

Zusammengefasst lässt sich sagen, dass die Kinder im Rahmen der morphologisch-syntaktischen Entwicklung lernen, welche grammatische Funktion bestimmte Wörter haben, wie diese aus bestimmten Einheiten zusammengesetzt werden und wie die einzelnen Wörter nach den Regeln der Sprache, die sie erwerben, zu Sätzen zusammengesetzt werden. Zudem werden die kindlichen Äußerungen in den ersten Lebensjahren kontinuierlich länger und komplexer. Die Veränderung der Satzlänge wird häufig über das Maß der durchschnittlichen Äußerungslänge, genauer gesagt der durchschnittlichen Anzahl an Morphemen (Mean Length of Utterance; MLU) (Brown 1973) angeben. Die grammatische Entwicklung von ersten Einwortsätzen bis zur Äußerung von komplexen Sätzen mit Nebensätzen im Alter von ungefähr 3;5 Jahren wird auf Basis einer Langzeitstudie von Clahsen (1986) in fünf Phasen unterteilt. Diese Phasen werden in den nachfolgend beschriebenen Meilensteinen des Spracherwerbs genauer erläutert (▶ Kap. 1.2).

1.1.4 Pragmatik

Die Sprachebene der Pragmatik setzt sich von den vorher genannten Ebenen der sprachlichen Strukturen ab und befasst sich mit dem Gebrauch bzw. Nutzen der Sprache zum Zweck der Kommunikation. Die Ebene wird daher häufig auch kommunikativ-pragmatische Ebene genannt (Kannengieser 2019, S. 292). Im Rahmen des pragmatischen Kompetenzerwerbs lernen Kinder, gelungene Kommunikationssituationen herzustellen und aufrechtzuerhalten. Sie lernen, die Sprache je nach Situation und Kontext angemessen zu verwenden (Weinert & Grimm 2018, S. 458). Nach Kannengieser (2019, S. 296 f.) gehören dazu zahlreiche Fähigkeiten, die die Kinder im Laufe der Sprachentwicklung erwerben und die sich bis ins Erwachsenenalter hinein weiterentwickeln:

- verschiedene kommunikative Funktionen sprachlich ausdrücken (z. B. grüßen, danken, erzählen, auffordern)
- die Gesprächssituation gestalten (z. B. die Kommunikation beginnen, beim Thema bleiben, ein Gespür für den Sprecher*innenwechsel haben)
- beachten, welches Vorwissen der*die Zuhörer*in hat, welche Informationen vorausgesetzt werden können und welche Informationen gegeben werden müssen, damit das Gesagte verstanden wird
- auf der Metaebene über Kommunikation sprechen (z. B. »Ich habe mal eine Frage«)
- verschiedene Kommunikations- und Gesprächsformen selbst gestalten und rezipieren (z. B. ein Streitgespräch führen, einer Erzählung folgen)
- den Erfolg der Kommunikation einschätzen und z. B. durch Rückfragen oder weitere Erklärungen sichern

Auch non-verbale Fähigkeiten gehören dazu, wie zum Beispiel den Gesichtsausdruck und die Körpersprache verstehen und selbst einsetzen oder den Blickkontakt herstellen und halten.
Nachfolgend werden die wichtigsten Meilensteine des Spracherwerbs auf Basis der verschiedenen Sprachebenen vorgestellt.

1.2 Meilensteine des Spracherwerbs

Der Spracherwerb des Kindes lässt sich in einen perzeptiven und einen produktiven Part unterscheiden. Mit der perzeptiven Sprachentwicklung sind die Wahrnehmung und Verarbeitung von Sprache gemeint. Die produktive Sprachentwicklung bezieht sich auf die aktive Äußerung von Sprachlauten. Dies müssen noch keine perfekten Äußerungen sein, sondern umfassen auch alle Vorstufen der lautlichen Entwicklung.

1.2.1 Der Spracherwerb beginnt vor der Geburt

Schon ungefähr 3 Monate vor der Geburt ist das Gehör des Fötus funktionsfähig, sodass er in der Lage ist, akustische Reize wie zum Beispiel Stimmen oder Musik wahrzunehmen und zu verarbeiten. Spricht zum Beispiel jemand von außerhalb zum Baby im Bauch, kommt dies allerdings nicht exakt so beim Fötus an. Das mütterliche Gewebe und das Fruchtwasser dämpfen und filtern die gesprochene Sprache so, dass nur die prosodischen Merkmale, also Melodie und Rhythmus, weitergeleitet werden (Woodward & Guidozzi 1992). Einzig die mütterliche Stimme wird nicht gedämpft, sondern erreicht den Fötus sogar etwas verstärkt. Zudem herrscht im Mutterleib eine konstante Geräuschkulisse. Die Babys hören den mütterlichen Herzschlag, ihre Atmung und auch Verdauungsgeräusche (Benzaquen, Gagnon, Hunse & Foreman 1990). Es ist daher nicht verwunderlich, dass viele Neugeborene lieber mit einer Geräuschkulisse im Hintergrund schlafen als in absoluter Stille.

Die Erfahrungen, die Föten schon vor der Geburt mit Melodie und Rhythmus von Sprache und Musik machen, führen zu bemerkenswerten Fähigkeiten nach der Geburt, die in einer Vielzahl an Studien untersucht worden sind. Besonders anschaulich wurde in der schon etwas älteren Studie »Fetal ›soap‹ addiction«[1] gezeigt, dass neugeborene Babys sich an

---

1 Das Wort »Soap« im Studientitel bezieht sich hier auf das englische Wort »Soap Opera« (dt. Seifenoper). Der Titel der Studie könnte heute wohl am besten mit dem Begriff »fötale Serien-Sucht« übersetzt werden.

Melodien erinnern können, die sie vor der Geburt gehört haben (Hepper 1988). Die Mütter, die an der Studie teilgenommen hatten, sahen im letzten Schwangerschaftsdrittel regelmäßig eine Fernsehserie mit charakteristischer Titelmelodie. Nach der Geburt wurde den Neugeborenen diese Melodie wieder vorgespielt und sie zeigten deutlich mehr Aufmerksamkeitsreaktionen (z. B. hörten auf zu weinen) als Neugeborene, die die Musik pränatal noch nicht gehört hatten. Dieses Phänomen wurde mittlerweile mit modernen Untersuchungsmethoden bestätigt. So lässt es sich auch an den Hirnströmen von Neugeborenen erkennen, wie eine finnische Forscher*innengruppe herausgefunden hat. Anhand der Hirnaktivität konnte gemessen werden, dass Babys sich auch mit 7 Monaten noch an Melodien erinnern, die sie vor der Geburt gehört haben (Partanen, Kujala, Tervaniemi & Huotilainen 2013).

1.2.2 Der Spracherwerb im 1. Lebensjahr

Basierend auf ihren vorgeburtlichen Erfahrungen zeigen eine Woche alte Neugeborene erstaunliche Leistungen bezogen auf die Wahrnehmung und Verarbeitung von Sprache. Dazu gehört, dass die Babys

- lieber die Stimme der Mutter als die Stimme von fremden Personen hören (Lee & Kisilevsky 2014),
- lieber die Muttersprache als eine fremde Sprache hören (Moon, Cooper & Fifer 1993),
- beide Sprachen gleich gerne hören, wenn die Mutter in der Schwangerschaft zwei Sprachen gesprochen hat (Byers-Heinlein, Burns & Werker 2010).

Eine Woche alte Neugeborene können auch Lautkontraste aller Sprachen der Welt erkennen. So können zum Beispiel japanische Neugeborene einen Unterschied zwischen den Lauten /r/ und /l/ wahrnehmen, während erwachsene Japaner*innen damit Schwierigkeiten haben, weil dieser Lautkontrast für die japanische Sprache nicht relevant ist. Im Laufe des ersten Lebensjahres verlieren sie diese Fähigkeit jedoch wieder und spezialisieren sich in diesem Zusammenhang stärker auf die Sprache(n), die sie erwerben

(Kuhl et al. 2006). Das Baby entwickelt sich also »innerhalb weniger Monate vom Sprachuniversalisten zum Spezialisten seiner jeweiligen Muttersprache« (Weinert & Grimm 2018, S. 449). Mit ca. 10 Monaten wissen sie dann auch, welche Laute miteinander kombiniert werden können (ebd.). Hier zeigt sich, wie erstaunlich die Sprachwahrnehmung und -verarbeitung bereits entwickelt und spezialisiert ist, bevor überhaupt ein erstes richtiges Wort gesprochen worden ist.

Der Spracherwerb vollzieht sich im ersten Lebensjahr aber nicht nur durch Wahrnehmung und Verarbeitung der Umgebungssprache. Direkt nach der Geburt beginnt jedes Baby damit, selbst stimmlich zu kommunizieren. Unmittelbar nach der Geburt füllt sich die Lunge mit Luft und das Neugeborene äußert seinen ersten Schrei. Während der ersten Lebensmonate ist das Schreien der einzige Weg, den Bezugspersonen Bedürfnisse wie zum Beispiel Hunger oder den Wunsch nach Zuwendung zu signalisieren oder Schmerzen anzuzeigen. Während die für komplexe Artikulationen notwendige feinmuskuläre Spannung von Zunge und Lippen noch nicht ausgereift ist, ist der Kehlkopf des Neugeborenen so weit entwickelt (Bosma, Truby & Lind 1965), dass es lautstark auf sich aufmerksam machen kann – auch wenn die Bezugspersonen nicht in Sichtkontakt sind. Viele Eltern lernen die Schreie und Lautierungen ihres Babys in den ersten Lebenswochen so gut kennen, dass sie am jeweiligen Schrei erkennen können, ob das Kind zum Beispiel Hunger hat, Schmerzen hat oder auf den Arm genommen werden möchte. Der Babyschrei kann also keineswegs als rein reflexhaft angesehen werden, auch wenn dies in – teils auch noch aktuelleren – Publikationen zum Spracherwerb häufig behauptet wird. Vielmehr beginnt die Sprachentwicklung auf produktiver Seite direkt nach der Geburt im Sinne einer »vorsprachlichen ›Trainingsphase‹« (Wermke 2011, S. 649). Mittlerweile gibt es eindeutige Belege dafür, dass bereits im Babyschrei eine Entwicklung von einfachen zu immer komplexeren Melodiemustern stattfindet, welche schließlich in weitere Phasen der vorsprachlichen Entwicklung übergehen und somit eine kontinuierliche Entwicklung bis zum ersten gesprochenen Wort darstellen und damit den Grundstein für die lautsprachliche Entwicklung legen (Wermke, Robb & Schluter 2021). Im Alter von 6 bis 8 Wochen beginnen die Babys zunehmend im hinteren Mundraum konsonantenähnliche Laute zu bilden, die als Gurren bezeichnet werden. Mit ungefähr 3 Monaten nutzen die

Babys mehr und mehr auch die Lippen, sodass die Laute schon variantenreicher werden (Marginales Babbeln). Mit ca. 5 bis 10 Monaten produzieren die Babys Silbenketten (z. B. »babababa«), welche als Kanonisches Babbeln bezeichnet werden und bereits klingen wie Silben der Umgebungssprache (Iyer & Oller 2008).

Obwohl das Kind in dieser Phase des Spracherwerbs noch keine eigenständigen Wörter produziert, kommuniziert es bereits mit seinen Bezugspersonen. »Die Bezugspersonen treten von Anfang an in einen Dialog mit dem Säugling, sodass dieser durch die gemeinsamen Interaktionen die damit verbundenen kommunikativen Regeln erlernt« (Füssenich 2002, S. 67). Gestische und lautliche Äußerungen des Kindes werden von den Bezugspersonen als kommunikative Absichten gedeutet, woraufhin das Kind eine Reaktion erhält. Diese kommunikativen Absichten des Kindes werden verstärkt deutlich, wenn es zum Beispiel den Blick auf etwas richtet, gleichzeitig drauf zeigt und das ggf. auch noch lautlich begleitet (Kannengieser 2019, S. 298). Aus dem Blick vom Kind zum Gegenstand und vom Kind zur Bezugsperson entsteht ein Dreieck, weshalb dieser Blick als trianguärer Blick bezeichnet wird (Zollinger 2007, S. 21).

Der Übergang von Äußerungen, die noch mit keinem konkreten Inhalt hinterlegt sind (sogenannte nicht-lexikalische Äußerungen), zu bedeutungsvollen Wörtern (lexikalischen Äußerungen) ist dabei fließend (Fox-Boyer & Neumann 2017, S. 15). Schon in der zweiten Hälfte des ersten Lebensjahres produzieren die Kinder sogenannte »Protowörter«, die an einen bestimmten Kontext gebunden sind und eine Vorform der »echten« Wörter darstellen (Kauschke 2003, S. 112). Sie kommen allerdings in der Muttersprache nicht vor und sind stets an eine bestimmte Situation gebunden.

1.2.3 Der Spracherwerb im 2. Lebensjahr

In der ersten Hälfte des zweiten Lebensjahres bilden der trianguläre Blick und die damit verbundene Herstellung eines gemeinsamen Aufmerksamkeitsfokus die Grundlage der pragmatisch-kommunikativen Entwicklung. »Über den Blick vom Gegenstand zum Du entdeckt das Kind, dass es *interessant* ist, was die Anderen zu den Dingen sagen und auch, was sie mit ihnen tun; und die Gegenstände selbst bekommen durch den Blick des Anderen eine ganz neue Bedeutung« (Zollinger 2007, S. 23 f.).

Ungefähr um den ersten Geburtstag herum äußern einsprachig aufwachsende Kinder die ersten bedeutungsvollen Worte, die situationsunabhängig produziert werden – wobei diese hinsichtlich der Aussprache häufig noch von der Erwachsenensprache abweichen. Der Zeitpunkt der ersten Wortproduktion ist aber interindividuell sehr variabel, manche Kinder äußern schon gegen Ende des ersten Lebensjahres ihr erstes Wort, bei manchen Kindern dauert dies bis zur Mitte des zweiten Lebensjahres (Szagun 2019, S. 66). Zum Zeitpunkt des ersten Wortes verstehen die Kinder aber bereits schon etwa 60 Wörter (Weinert & Grimm 2018, S. 451). Die perzeptive Sprachentwicklung geht also der produktiven Sprachentwicklung voraus. Dies scheint nicht verwunderlich zu sein, da die Kinder ja bereits im Mutterleib begonnen haben, Sprache zu hören und zu verarbeiten, bevor sie in der Lage waren, selbst Laute zu produzieren.

Die Phase der Einwortäußerungen bezeichnet im Rahmen der grammatischen Entwicklung nach Clahsen (1986, S. 15) die erste Phase (Phase I: Vorläufer zur Syntax). Die Einwortäußerungen werden häufig auch als Einwortsätze bezeichnet, da durch sie mitunter die Bedeutung eines ganzen Satzes ausgedrückt wird. Die ersten Wörter sind meist Personenbezeichnungen wie »Mama« und »Papa« oder

> »bestehen anfangs vor allem aus deiktischen Elementen, d. h. aus Wörtern, die auf Handlungen oder Objekte hinweisen wie *da* oder *das*, aus Verbpartikeln wie *ab*, *aus*, *weg* oder aus Wörtern, die eine sozial-pragmatische Funktion erfüllen wie beispielsweise *ja, nein, aua, hallo*« (Ruberg & Rothweiler 2012, S. 121).

Im Alter von 18 Monaten können Kinder dann meist 50 Wörter sprechen und verstehen ungefähr 250 Wörter (Ruberg & Rothweiler 2012, S. 101). Diese Altersmarke wird häufig als »50-Wort-Marke« bezeichnet, da sie einen Wechsel einzuleiten scheint. Während vorher neue Wörter eher langsam gelernt werden, erhöht sich das Tempo und die Kinder lernen danach mehrere Wörter pro Tag. Manchmal reicht es auch, das neue Wort nur ein- oder zweimal zu hören, um es zu lernen, das heißt die Wortform und die (ungefähre) Wortbedeutung abzuspeichern (»Fast Mapping«) (Kannengieser 2019, S. 251). Dieses oft beobachtete schnelle Ansteigen des

Wortschatzes wird deshalb vielfach auch als »Wortschatzexplosion« oder »Wortschatzspurt« bezeichnet.

Häufig treten im Rahmen des Wortschatzerwerbs auch Übergeneralisierungen (auch Überdehnungen genannt) und Überdiskriminierungen (auch Unterdehnungen genannt) auf.

Ronja ist 16 Monate Jahre alt und kann bereits einige Wörter sprechen. Zum Vogel, den sie im Garten sieht, sagt sie »piep piep«, allerdings nennt sie so auch den Heißluftballon oder das Flugzeug am Himmel. Hingegen bezeichnet sie als »Ente« ausschließlich ihre Badeente, die Enten im Park sind jedoch für sie keine Enten.[2]

Sie generalisiert, also verallgemeinert das Wort für Vogel auf alles, was fliegt. Mit einer Übergeneralisierung ist demnach die Ausweitung der Bedeutung eines Wortes gemeint. Hinsichtlich der Enten ist aber das Gegenteil der Fall: Hier wird die Bedeutung des Wortes eingeschränkt. Es kommt also zu einer Überdiskriminierung.

Um die Vielzahl an möglichen Wortbedeutungen einzuschränken und somit den Wortschatzerwerb zu erleichtern, wird vermutet, dass Kinder unbewusst bestimmte Strategien anwenden. Nach Markman (1990) nutzen Kinder grundsätzliche Prinzipien, die als Vorannahmen bzw. Beschränkungen (engl. Constraints) bezeichnet werden und es den Kindern vereinfachen, ein semantisches System, also ein System an Wortbedeutungen aufzubauen. So nehmen Kinder zum Beispiel an, dass sich neue Wörter auf ganze Objekte und nicht auf Teile von Objekten beziehen (Ganzheitsannahme/whole object constraint). Wenn ein Erwachsener »Katze« sagt, während er auf eine Katze zeigt, geht das Kind demnach davon aus, dass die gesamte Katze gemeint ist und nicht nur bestimmte Eigenschaften oder ein Teil der Katze (z. B. Ohr oder Pfote). Des Weiteren nimmt ein Kind aber an, dass zwischen Wörtern und Bedeutungen eine gegenseitige »exklusive Beziehung« besteht (Mutual exclusivity constraint nach Markman 1990). Wenn das Kind beim Betrachten des Bildes mit der Katze das Wort Katze bereits kennt und nun das Wort »Pfote« zum ersten Mal hört, wird es gemäß diesem Prinzip nicht davon ausgehen, dass das

---

2 Angelehnt an Hill & Kuczaj II, 2017, S. 366.

gesamte »Objekt« die Pfote ist, denn dies ist ja bereits mit dem Wort »Katze« belegt. Also wird es annehmen, dass es sich bei der Pfote zum Beispiel um einen Teil der Katze handeln könnte.

Ab ungefähr 1;6 Jahren beginnen Kinder erstmalig damit, zwei Wörter zu einem Satz zu kombinieren, was den eigentlichen Beginn der grammatischen Entwicklung markiert und nach Clahsen (1986, S. 18) die Phase II der Erwerbsreihenfolge (»Erwerb des syntaktischen Prinzips«) markiert. Es werden jedoch noch keine syntaktischen Regeln angewandt. Vielmehr lernen die Kinder, verschiedene Wörter nach inhaltlichen Gesichtspunkten miteinander zu kombinieren (z. B. »Mama spielen« als Aufforderung zum Spielen). Es besteht noch keine Subjekt-Verb-Kongruenz und das Verb wird bevorzugt an das Ende des Satzes gestellt (Clahsen 1988, S. 44). In dieser Phase treten bereits viele Wortarten auf (z. B. Pronomen, Nomen, Verben). Es dominieren jedoch hauptsächlich die Inhaltswörter, während Funktionswörter noch ausgelassen werden. In diesem Alter beginnen die Kinder auch damit, erste Pluralformen zu bilden (Szagun 2019, S. 66). Kauschke (2012, S. 61) bezeichnet den Verlauf der Wortartenentwicklung im zweiten und dritten Lebensjahr als wellenförmig. So dominieren zunächst die Substantive den Sprachgebrauch, danach treten Verben immer vermehrter auf, während zuletzt Funktionswörter immer stärker verwendet werden.

Ein typisches Phänomen im Rahmen der Lautentwicklung ist das Auftreten von sogenannten phonologischen Prozessen. Durch diese Prozesse, welche in vielen verschiedenen Varianten auftreten, vereinfachen die Kinder die Laut- und Silbenstruktur, wenn bestimmte Phoneme noch nicht erworben sind (Fox-Boyer & Neumann 2017, S. 26). Folgende Prozesse sind zum Beispiel typisch:

- Auslassung von unbetonten Silben (»leine« statt »alleine«)
- Vereinfachungen von mehrsilbigen Wörtern (»putt« statt »kaputt«)
- Angleichungen von Phonemen innerhalb eines Wortes (»lal« statt »Schal«)
- Ersetzung von Lauten (»Dabel« statt »Gabel«)

1.2.4 Der Spracherwerb im 3. Lebensjahr

Zu Beginn des dritten Lebensjahres (ab ca. 2;0 bis 2;6 Jahren) schließt sich die Phase III im Grammatikerwerb (Vorläufer der einzelsprachlichen Grammatik; Clahsen 1986, S. 20) an, die durch die Kombination von drei und mehr Wörtern gekennzeichnet ist. Nun werden auch einige syntaktische Regeln berücksichtigt. Das Kind hat nun die beiden Positionen des Verbs im Satz erworben (Verbklammer): Einfache Verben stehen nur noch in Zweit- oder Endstellung, während zusammengesetzte Verben aber noch ungetrennt am Ende des Satzes stehen (Clahsen 1986, S. 21). Die Kinder machen zudem Fortschritte in der Subjekt-Verb-Kongruenz und Funktionswörter (wie z. B. Artikel) treten auf (Kannengieser 2019, S. 168).

Im Rahmen der Wortschatzentwicklung nimmt der Erwerb von Verben, Adverbien und Adjektiven mit ungefähr 2 Jahren deutlich zu. Mit ca. 2,5 Jahren umfasst der aktive Wortschatz dann ungefähr 200 bis 500 Wörter (Kannengieser 2019, S. 248). Ab dem dritten Lebensjahr beginnen die Kinder auch damit, Wortneuschöpfungen zu produzieren (z. B. »Schönigkeit«), um »Lücken im Wortschatz zu füllen« (Kauschke & Stan 2004, S. 197).

Ungefähr 10 bis 20 % der Kinder produzieren mit 24 Monaten noch weniger als 50 Wörter, sie haben also die 50-Wort-Marke noch nicht erreicht. Auch kombinieren sie noch keine Wörter miteinander. Das Hörvermögen dieser sogenannten »Late Talker« (Kauschke 2017, S. 62 f.) ist aber normal und sie weisen auch keine kognitiven oder anderen Beeinträchtigungen auf, die ursächlich für diesen verspäteten Sprechbeginn sein könnten. Ungefähr ein Drittel dieser Kinder holt diesen »Rückstand« in der Sprachentwicklung bis zum dritten Geburtstag wieder auf, diese Kinder werden oft »Late Bloomer« (»Spätblüher«) genannt. Zwei Drittel der Late Talker zeigen jedoch nach dem dritten Geburtstag sprachliche Auffälligkeiten.

Auf der Ebene der Lautentwicklung ist am Ende des dritten Lebensjahres ein Großteil der Phone bereits erworben (▶ Tab. 1.1). Die Laute [s] und [z] und [ts] werden häufig noch bis ins Vorschulalter hinein nicht korrekt gebildet, was umgangssprachlich »Lispeln« genannt wird (Fox-Boyer & Neumann 2017, S. 21).

1 Meilensteine des Spracherwerbs

Auf kommunikativ-pragmatischer Ebene erwerben Kinder im Laufe des 3. Lebensjahres grundlegende Regeln der Gesprächsführung. So lernen sie, dass im Gespräch abwechselnd gesprochen wird, und initiieren Gespräche gezielt (Crystal 1998, S. 246). Des Weiteren können sie »Ereignisse beschreiben, um Hilfe bitten, Fragen stellen, zustimmen, widersprechen, eine Absicht erklären« (Kannengieser 2019, S. 299) – wobei die Kommunikationssituation sich meist noch auf die gegenwärtige Situation bezieht und meist noch nicht die Perspektive des/der Gesprächspartner*in eingenommen werden kann, was beispielsweise zur Folge hat, dass das Kind von gleichem Vorwissen ausgeht.

1.2.5 Der Spracherwerb im 4. Lebensjahr

Im 4. Lebensjahr haben die meisten Kinder die Sprache in ihren Grundlagen erworben. Die phonetische und phonologische Entwicklung ist so weit vorangeschritten, dass die Kinder die meisten Laute bilden und richtig einsetzen können und auch von Fremden gut verstanden werden. Das Kind benötigt dann »noch maximal zwei Jahre, um seine Aussprache zu perfektionieren.« (Fox-Boyer & Neumann 2017, S. 14).

Im Laufe des 4. Lebensjahres erlangen Kinder dann zunehmend die Fähigkeit, längere Gespräche zu führen. Dabei gelingt es ihnen immer besser, sich inhaltlich auf das Gesagte des Gegenübers zu beziehen. Damit zusammenhängend entwickelt sich auch die Fähigkeit der »aktiven Verständnissicherung« (Kannengieser 2019, S. 299): Bemerkt das Kind, dass sein Gegenüber seine Äußerung nicht richtig verstanden hat, bemüht es sich, durch weitere Erklärungen die notwendigen Informationen zu liefern. Auch kann es zunehmend über Gefühle, Gedanken und Absichten sprechen. Damit verbunden werden auch vermehrt abstrakte Wörter verwendet. Diese Entwicklung spiegelt sich auch in den sprachlichen Interaktionen von Kindern untereinander wider, da nun zum Beispiel auch Spielprozesse vermehrt sprachlich ausgehandelt werden.

Mit 3 Jahren besitzen die meisten Kinder einen aktiven Wortschatz von ungefähr 500 bis 2.000 Wörtern (Kannengieser 2019, S. 249). Die Zusammensetzung des Wortschatzes ist hinsichtlich der verschiedenen

Wortarten nun ausbalanciert und entspricht der Zusammensetzung in der Erwachsenensprache (Kauschke 2003, S. 113).

Im Grammatikerwerb erreicht ein Kind ab ungefähr 3 Jahren die Phase IV nach Clahsen (1986 S. 23), welche mit weitreichenden Veränderungen im grammatischen System verbunden ist. Ab dieser Phase kann das System der Subjekt-Verb-Kongruenz als erworben gelten. Mit dieser Entwicklung hängt auch die Verbstellung zusammen. Finite Verben werden nun an das Subjekt angepasst und an die zweite Stelle im Hauptsatz gestellt. Infinite Verben werden im Hauptsatz ans Ende gestellt. Eine weitere Besonderheit ist, dass Funktionswörter nun kaum noch ausgelassen werden. Nebensätze treten aber meist noch nicht auf und auch das Kasussystem ist noch nicht erworben. Die Kinder verwenden hier meist die Nominativform, auch wenn eigentlich die Akkusativ- oder Dativform erforderlich wäre – zum Beispiel »ich hab *der* Hund gesehen« anstatt »ich hab *den* Hund gesehen«. Die Nominativform wird also übergeneralisiert (Clahsen 1988, S. 79 f.). Im Alter von 3 Jahren verwenden die meisten Kinder die korrekten Artikel (z.B. *die* Katze, *ein* Junge) und Fehler treten seltener auf (Szagun 2019, S. 75).

Mit ca. dreieinhalb Jahren erreichen die Kinder dann die Phase V des Grammatikerwerb (»Komplexe Sätze«). Das Kind ist nun in der Lage, komplexere Sätze mit Nebensätzen zu bilden, wobei das finite Verb im Nebensatz fast immer direkt richtig ans Ende gestellt wird (Clahsen 1986, S. 30). Zusätzlich wird das Kasussystem weiter ausgebaut. Die Akkusativform wird meist korrekt angewandt, während die Dativform noch erworben wird, auch hier kommt es wieder zu Übergeneralisierungen (Ruberg & Rothweiler 2012, S. 129). Hier kommt es zum Beispiel häufig zu einer Verwechslung von *den* und *dem* (z.B. »ich helfe den Papa«). Auch bestehen zwischen den Kindern wieder große Unterschiede, in welchem Alter die Phase V erreicht wird. Manche Kinder erreichen sie bereits mit zweieinhalb Jahren, bei manchen Kindern passiert dies erst mit dreieinhalb Jahren (Ruberg & Rothweiler 2012, S. 128).

1.2.6 Der Spracherwerb vom 5. Lebensjahr bis zum Schuleintritt

Auch mit 4 Jahren und bis ins Schulalter hinein kommt es gelegentlich noch zu Fehlern in der Pluralbildung (z. B. Pflasters statt Pflaster) und beim Erwerb der Kasusmarkierungen (Szagun 2019, S. 75). Manche grammatischen Strukturen werden häufig erst nach dem Schuleintritt gelernt, wie zum Beispiel Passivkonstruktionen oder der Konjunktiv (»Sie sagt, sie *sei* in die Schule gegangen«) (Ruberg & Rothweiler 2012, S. 33). Auch im semantisch-lexikalischen Bereich werden weiter Entwicklungsfortschritte gemacht, wobei es auch hier noch zu Fehlern beim Abspeichern von Wortbedeutungen kommt, wie das folgende Beispiel zeigt:

> Thea (5;6) sitzt mit ihren Eltern am Abendbrottisch. Obwohl noch nicht alle das Essen beendet haben, kündigt der Vater an, schon einmal den Tisch abzuräumen. Darauf entgegnet Thea: »Das ist aber unhygienisch!« (gemeint war »unhöflich«).

Ungefähr ab dem Vorschulalter bis ins Schulalter hinein beginnt die Entwicklung metalinguistischer Fähigkeiten. Während der Erwerb der Sprache zunächst implizit erfolgt und die Kinder nicht bewusst über strukturelle Regeln nachdenken, können sie nach und nach über Sprache und ihre Regeln reflektieren und erwerben so ein explizites Sprachwissen (Karmiloff-Smith 1992). Dies äußert sich zum Beispiel darin, dass sie Fehler selbst korrigieren oder bewusst nach der Bedeutung eines Wortes, das sie noch nicht kennen, fragen.

Auf Ebene der Lautentwicklung zeigt sich eine schrittweise Verbesserung der Aussprache. Bis zum Schulalter werden meist die noch nicht korrekt gebildeten Laute erworben (z. B. [ts]) und auch die letzten phonologischen Prozesse (z. B. die Auslassung von unbetonten Silben) abgebaut (Ruberg & Rothweiler 2012, S. 32).

Erwerb der phonologischen und grammatischen Fähigkeiten ist mit Schuleintritt zum größten Teil abgeschlossen, während die Weiterentwicklung auf der semantisch-lexikalischen Ebene nicht auf eine bestimmte Lebensphase begrenzt ist (Füssenich 2002, S. 64). Über die gesamte Lebensspanne hinweg werden stetig neue Wörter erworben (z. B. Fachwörter). Im Alter von 6 Jahren verfügen die Kinder über einen aktiven Wortschatz von ca. 5.000 Wörtern, während der passive Wortschatz ca. 10.000 bis 14.000 Wörter umfasst (Kannengieser 2019, S. 249). Besonders abstrakte Wörter (z. B. »Mitleid«), Sprichwörter und auch das Verstehen von Ironie werden häufig erst im Schulalter gelernt (Ruberg & Rothweiler 2012, S. 32). Mit Eintritt in die Schule steht dann auch verstärkt der Erwerb bildungssprachlicher Fähigkeiten im Vordergrund (▶ Kap. 5).

2 Voraussetzungen für einen gelingenden Spracherwerb

Wie erwerben Kinder erfolgreich eine oder mehrere Sprachen? Welche inneren Voraussetzungen bringt das Kind mit und welchen Beitrag leistet die Umwelt? Über die Gewichtung der inneren und äußeren Einflussfaktoren besteht eine bereits jahrzehntelang andauernde Debatte. Auf den entgegengesetzten äußeren Enden der Pole stehen sich die nativistische und die interaktionistische Spracherwerbstheorie gegenüber. Gemäß der *nativistischen Theorie*, deren bedeutendster Vertreter Noam Chomsky ist, verfügen alle Menschen über einen angeborenen Spracherwerbsmechanismus (engl. language acquisition device). Die sprachliche Interaktion mit der Umwelt fungiere lediglich als Auslöser für die Reifung der inneren Anlagen, spiele aber eher eine untergeordnete Rolle (z. B. Chomsky 1965). Die *interaktionistische Spracherwerbstheorie* hingegen sieht die sprachliche Interaktion mit der Umwelt, die sich immer wieder an den Entwicklungsstand des Kindes anpasst, als den entscheidenden Faktor für den erfolgreichen Spracherwerb (z. B. Bruner 1987). Als dritte wichtige Spracherwerbstheorie ist der *kognitivistische Ansatz* zu nennen. Gemäß dieser Theorie erfolgt der Spracherwerb nicht durch sprachspezifische Anlagen des Kindes, sondern im Rahmen von allgemeinen kognitiven Lernprozessen. Sprachliche und kognitive Entwicklung seien demnach eng miteinander verbunden (z. B. Piaget & Inhelder 1993).[3]

Mittlerweile besteht eine wissenschaftliche Übereinstimmung darüber, dass keine der Theorien alleine die Mechanismen des kindlichen Spracherwerbs erklären kann. Vielmehr definiert ein Zusammenspiel zwischen kindlicher Anlage und Umweltfaktoren einen erfolgreichen Spracherwerb,

---

3 Für eine differenziertere Auseinandersetzung mit den Spracherwerbstheorien siehe zusammenfassend Kauschke (2012, S. 127 ff.).

wobei die Gewichtung der inneren und äußeren Faktoren je nach Theorie unterschiedlich ausfällt (Kauschke 2012, S. 147; Kucharz, Mackowiak & Beckerle 2015, S. 41).

Voet Cornelli et al. (2020, S. 20) fassen den Konsens der Spracherwerbstheorien zusammen, wonach sich der Spracherwerb nicht durch reine Imitation vollzieht. Vielmehr eignet sich das Kind die Sprache durch eigenaktive, systematische Auseinandersetzung mit der sprachlichen Umwelt an, ohne dass eine gezielte Instruktion erforderlich ist. Zudem ist der Spracherwerb robust und gelingt unter vielen verschiedenen Erwerbsbedingungen. Fakt ist, dass das Zusammenspiel zwischen inneren Bedingungen und äußeren Einflussfaktoren eine Voraussetzung für den erfolgreichen Spracherwerb darstellt. In diesem Kapitel werden *einige* der wichtigsten Voraussetzungen herausgegriffen und kurz beschrieben.[4]

2.1 Kindliche Voraussetzungen: Wahrnehmung, Sprechorgane und Kognition

Eine Grundvoraussetzung für den Lautspracherwerb ist ein funktionierendes Gehör, welches im Zusammenspiel mit dem Gehirn akustische Reize wahrnehmen und verarbeiten kann. Bereits zu Beginn des letzten Schwangerschaftsdrittels ist das kindliche Gehör funktionsfähig, sodass der Fötus akustische Reize (z. B. Sprache, Musik) wahrnehmen und verarbeiten kann (Moore & Linthicum 2007), wodurch das Neugeborene schon direkt nach der Geburt zu bemerkenswerten sprachrelevanten Leistungen fähig ist (▶ Kap. 1). Diese frühen sprachlichen Leistungen scheinen das Resultat der pränatalen Erfahrungen zu sein, basieren aber auch auf einer angeborenen Sensibilität für Melodie und Rhythmus (Wermke & Mende 2009,

---

4 Für eine umfassende überblickweise Darstellung der Spracherwerbsvoraussetzungen siehe z. B. Kannengieser (2019).

S. 153) sowie Fähigkeiten der Verarbeitung und Wahrnehmung von Sprache. Allerdings können auch Kinder, die mit hochgradiger Hörschädigung auf die Welt kommen und daher die vorgeburtlichen Erfahrungen mit Melodie und Rhythmus von Sprache nicht gemacht haben, trotzdem erfolgreich die Lautsprache erwerben, wenn die Hörschädigung früh erkannt wird und durch Hörgeräte oder ein Cochlear-Implantat ausgeglichen wird (Geers & Nicholas 2013). Und auch gehörlose Kinder können selbstverständlich erfolgreich Sprache erwerben, dies ist dann eben nur nicht die Lautsprache, sondern die Gebärdensprache. Selbst bei intaktem Hörvermögen zum Zeitpunkt der Geburt ist aber trotzdem noch Sprachinput von »außen« notwendig, da die Hörbahn, also die Verbindung zwischen Gehör und Gehirn, nur durch akustische Stimulation weiter ausreift (Kannengieser 2019, S. 23).

Für den produktiven Lautspracherwerb ist zudem die Entwicklung der Sprechorgane wichtig. Dazu gehören u. a. die Lunge zur Erzeugung des Luftstroms, der Kehlkopf zur Stimmbildung sowie im Mundraum die Zunge, der Gaumen und die Lippen zur Artikulation von Lauten. Für die Sprechentwicklung sind die grundlegenden Funktionen des Mundes wie Saugen, Beißen, Schlucken und Kauen relevant (Kannengieser 2019, S. 24). Bereits zum Zeitpunkt der Geburt ist der Kehlkopf soweit gereift, dass das Neugeborene sich durch Schreien verständigen kann (Bosma, Truby & Lind 1965). Die Artikulation von Lauten durch Einsatz von Lippen, Gaumen und Zunge gelingt aber erst im Laufe des ersten Lebensjahres und differenziert sich im Laufe der Kindergartenzeit weiter aus (▶ Kap. 1).

Egal in welcher Modalität die Sprache erworben wird, also zum Beispiel als Lautsprache oder als Gebärdensprache, sind bestimmte kognitive Fähigkeiten relevant, die es dem Kind ermöglichen, Sprache wahrzunehmen, zu verarbeiten und schließlich selbst zu produzieren. Dazu gehört, dass das Kind in der Lage ist, aus dem Sprachinput Regeln abzuleiten, diese kontinuierlich zu überprüfen und ggf. zu korrigieren. Wichtig sind hier auch Gedächtnisfähigkeiten, denn die Kinder müssen ihnen zuvor unbekannte Lautverbindungen im Gedächtnis abspeichern und wieder abrufen können. Das sogenannte *phonologische Arbeitsgedächtnis* ist demnach essenziell für die Sprachentwicklung und auch für den späteren Schriftspracherwerb (zsf. Aktas 2020, S. 51 f.).

Ungefähr zum Ende des ersten Lebensjahres bildet das Kind die Fähigkeit aus, mittels Zeigegeste mit seinem Gegenüber intentional zu kommunizieren, was eng mit dem Verlauf des Spracherwerbs verknüpft ist (z. B. Choi, Wei & Rowe 2021; Murillo & Belinchón 2012). Im selben Alterszeitraum sind die Kinder in der Lage, mit ihren Bezugspersonen einen geteilten Aufmerksamkeitsfokus (Joint Attention) herzustellen, welcher die Grundlage für den triangulären Blick bildet. Das Kind ist nun in der Lage, mit seiner Aufmerksamkeit ein Dreieck zwischen sich selbst, einer Bezugsperson und einem Objekt (Bild, Spielzeug etc.) zu bilden und so zu erkennen, auf was sich sein Gegenüber bezieht. Diesen triangulären Blick bezeichnet Zollinger sogar als »eigentlichen Ursprung der Sprache« (Zollinger 2007, S. 21). Eine wichtige Rolle nimmt hier die Interaktion mit Bezugspersonen ein.

2.2 Äußere Bedingungen: Sprachliche Interaktion mit Bezugspersonen

Eine Sprachentwicklung ohne sprachliche Interaktion mit der sozialen Umwelt ist nicht möglich. Auch wenn es im Rahmen der Spracherwerbstheorien Uneinigkeit darüber gibt, wie groß der erforderliche Einfluss durch die Umwelt ist, gibt es einen Konsens darüber, dass der Einfluss essenziell ist. Die Herstellung des eben genannten gemeinsamen Aufmerksamkeitsfokus gelingt zum Beispiel ausschließlich im Rahmen der Bezugsperson-Kind-Interaktion. Das Kind bringt die Fähigkeit mit, seinen Blick auf einen Gegenstand, zum Beispiel ein Spielzeug, zu richten und anschließend den Blick der Bezugsperson zuzuwerfen. Die Bezugsperson reagiert darauf, indem sie den Gegenstand zum Beispiel benennt, etwas dazu erzählt oder zeigt, was man damit machen kann. Das Kind erfährt so, dass Gegenstände und Handlungen mit bestimmten Wörtern und Sätzen verknüpft sind, die wiederum eine Bedeutung haben (Zollinger 2007, S. 25). Auch wenn das Kind erst zum Ende des ersten Lebensjahres in der

Lage ist, den triangulären Blick herzustellen, befinden sich die Bezugspersonen und das Kind schon von der Geburt an in einem Dialog. Durch auf den jeweiligen Entwicklungsstand abgestimmte, zum Teil intuitive, an das Kind gerichtete Sprache unterstützen die Bezugspersonen fortlaufend den Spracherwerbsprozess. Diese besondere Form der sprachlichen Interaktion, welche von pädagogischen Fachkräften auch aktiv und gezielt zur Unterstützung des kindlichen Spracherwerbs eingesetzt werden kann, wird ausführlich in Kapitel 7 dargestellt (▶ Kap. 7).

2.3 Schwierigkeiten beim Erwerb der Sprache

Auch wenn der Spracherwerb des Kindes, wie oben dargestellt, in der Regel robust ist und das Kind sich die Sprache mit seinen angeborenen Wahrnehmungs- und Verarbeitungskapazitäten eigenaktiv und mühelos in sozialer Interaktion mit seiner Umwelt aneignet, gibt es doch auch Kinder, die Schwierigkeiten beim Erwerb einer oder mehrerer Sprachen haben. Die Ursachen wie zum Beispiel eine Hörstörung, kognitive Beeinträchtigungen oder Wahrnehmungsstörungen und ihre jeweiligen Auswirkungen auf den Spracherwerb können sehr vielfältig sein. Eine besondere Form der Sprachstörung kann jedoch mit keiner primären Ursache assoziiert werden, sie wird daher auch als »Spezifische Sprachentwicklungsstörung« (SSES) bezeichnet. Es können jedoch auch äußere Faktoren den Spracherwerbsprozess beeinträchtigen, wenn das Kind keine sprachliche Anregung durch seine Umwelt erfährt, wie es zum Beispiel bei einer extremen Vernachlässigung der Fall sein kann (Aktas 2020, S. 48). Eine Mehrsprachigkeit ist allerdings grundsätzlich kein ursächlicher Faktor für das Entstehen von Sprachstörungen (Chilla 2022, S. 33).

Den pädagogischen Fachkräften in der Kita kommt eine wichtige Rolle bei der systematischen und gezielten Beobachtung der kindlichen Sprachentwicklung zu (▶ Kap. 6), wenngleich eine Diagnostik von Sprachentwicklungsstörungen ausschließlich zum Aufgabengebiet von Logopäd*innen oder Sprachtherapeut*innen gehört. Trotzdem können pädagogische Fachkräfte durch sensible Beobachtung Hinweise erkennen, die eine weitere diagnostische Abklärung erforderlich machen. Hierfür sind eine gute Bildungs- und Erziehungspartnerschaft mit den Eltern, eine Unterstützung durch eine Fachberatung sowie eine Kooperation mit therapeutischen Einrichtungen und Frühförderstellen wichtig. Auch ein Grundwissen zu den häufigsten Sprachentwicklungsstörungen ist relevant. Ein guter Überblick ist zum Beispiel bei Hellrung (2019) zu finden.

3 Spracherwerb unter Bedingungen von Mehrsprachigkeit

Nachdem im ersten Kapitel die Grundsätze des Spracherwerbs bei einsprachigen Kindern beschrieben wurden, wird in diesem Kapitel beleuchtet, wie Kinder mehr als eine Sprache erwerben und welche Erwerbsbedingungen den Spracherwerb beeinflussen.

3.1 Was ist Mehrsprachigkeit?

Mehrsprachigkeit tritt nur selten auf, stellt eine besondere Herausforderung für Kinder dar, sollte nicht zu früh erfolgen und ist sowieso nur dann »echt«, wenn beide Sprachen perfekt beherrscht werden. Dies ist nur eine Auswahl an Mythen und Vorurteilen, welche sich zum Teil noch hartnäckig in gesellschaftlichen Überzeugungen halten. Mittlerweile haben die Ergebnisse der Mehrsprachigkeitsforschung allerdings das Gegenteil gezeigt: Das kindliche Gehirn ist darauf ausgelegt, bereits ab der Geburt mühelos mehrere Sprachen zu lernen. Auch stellt Mehrsprachigkeit keine Seltenheit dar. Im Jahr 2019 sprachen 22 % der 3- bis unter 6-jährigen Kinder, die eine Kindertageseinrichtung besuchten, zu Hause hauptsächlich nicht Deutsch, und die Tendenz ist steigend. Dabei verteilen sich diese 22 % nicht gleichmäßig auf alle Kitas in Deutschland, sondern es herrschen große regionale Unterschiede. Zum einen gibt es ein Ost-West-Gefälle mit einem deutlich höheren Anteil an Kindern mit nicht-deutscher Familiensprache in den sogenannten alten Bundesländern. Außerdem ist der Anteil in Ballungsgebieten, wie zum Beispiel den Stadtstaaten, höher. Hier kommt jedes 2.

bis 3. Kind erst in der Kita mit Deutsch in regelmäßigen Kontakt (Autorengruppe Bildungsberichterstattung 2020, S. 97).

Mehrsprachigkeit stellt demnach zweifelsohne einen Normalfall in der Kindertagesbetreuung dar. Trotzdem stellen sich viele pädagogische Fachkräfte Fragen zum Umgang mit Mehrsprachigkeit in der Kita, z. B. wie sie mehrsprachige Kinder in ihrem Spracherwerb unterstützen können, wie sie die Mehrsprachigkeit im Kita-Alltag aufgreifen können oder wie sich die Sprachen bei mehrsprachigen Kindern entwickeln. Nachdem in Kapitel 1 bereits die Entwicklung der Sprache bei einsprachig (monolingual) aufwachsenden Kindern skizziert wurde (▶ Kap. 1), soll nun betrachtet werden, wie die Sprachentwicklung bei mehrsprachigen Kindern erfolgt und durch welche Besonderheiten und Einflussfaktoren sich diese auszeichnet.

Betrachten wir zunächst den Begriff der Mehrsprachigkeit etwas näher. Während die alltägliche Vorstellung von Mehrsprachigkeit häufig noch davon ausgeht, dass nur diejenigen Personen als mehrsprachig gelten, die ab der Geburt mehrere Sprachen erwerben oder die Sprachen – wie eingangs erwähnt – »perfekt« beherrschen, herrscht heute in der Mehrsprachigkeitsforschung ein weitgehender Konsens über einen weiter gefassten Mehrsprachigkeitsbegriff. So definieren Gogolin und Lüdi (2015 o. S.)

> »individuelle Mehrsprachigkeit als Fähigkeit (…), in mehreren Sprachkontexten zu kommunizieren – und dies unabhängig davon, auf welche Weise die beteiligten Sprachen erworben oder wie gut sie beherrscht werden. Danach sind die Betroffenen weder von Geburt an, [sic] noch ›perfekt‹ mehrsprachig«.

Dies schließt somit den Erwerb mehrerer Sprachen ab der Geburt, im Laufe der Kindheit als auch das spätere, gezielte Fremdsprachenlernen mit ein und umfasst zudem alle Kompetenzniveaus. Demnach sind mehr Menschen auf der Welt mehrsprachig als einsprachig. Auch Chilla formuliert eine Definition von Mehrsprachigkeit, die eine Fülle an Varianten einschließt:

> »Mehrsprachige werden in Abgrenzung zu Einsprachigen als Einzelpersonen oder als Gruppe von Menschen gefasst, die in mehr als einer/m Sprache/Modalität/Varietät/Dialekt über kommunikative Kompetenzen und unterschiedliche mündliche und/oder schriftliche Fähigkeiten verfügt. Sie können mit SprecherInnen in einer oder in mehreren Sprachen in einer Gesellschaft interagieren« (Chilla 2022, S. 26).

Prägnant zusammengefasst definiert Grosjean mehrsprachige Menschen als Menschen, die zwei oder mehr Sprachen in ihrem alltäglichen Leben nutzen (Grosjean 1989, S. 4).
Im Folgenden widmen wir uns der Frage, inwiefern Mehrsprachigkeit in den ersten Lebensjahren den Spracherwerbsverlauf beeinflusst.

3.2 Verschiedene Erwerbsbedingungen von Mehrsprachigkeit

Die oben genannten Definitionen machen deutlich, dass sich dem Begriff der »Mehrsprachigkeit« eine sehr heterogene Gruppe von Menschen zuordnen lässt. Demzufolge kann es auch nicht *die* oder *den* Mehrsprachige*n geben und somit auch nicht *den* Verlauf des kindlichen Mehrspracherwerbs. In Kapitel 1 wurde gezeigt, dass der Spracherwerbsverlauf des Kindes stets durch eine große interindividuelle Variabilität geprägt ist. Wächst ein Kind mit mehreren Sprachen auf, ergeben sich zusätzlich noch weitere Bedingungen und Faktoren, welche den individuellen Sprachentwicklungsverlauf beeinflussen.

Füssenich und Menz (2014 S. 116) nennen beispielhaft die Äußerungen des zweisprachigen 4-jährigen Kindes John, die u. a. wie folgt aussehen:

»Ich nehmen zweite«
»Da is Biene«
»Ich habe gefunden«
»Eine Vogel«

Würde man die Aussagen des Kindes mit einem einsprachigen Kind vergleichen, würde die Sprachentwicklung altersmäßig vielleicht eher zu einem 2- bis 3-jährigen Kind passen. Wie kann also eingeschätzt werden, ob in diesem Fall die Sprachentwicklung bereits eine Verzögerung aufweist oder aber die sprachlichen Besonderheiten aufgrund der Mehrsprachigkeit auftreten? Um hier eine präzisere Einschätzung der Sprachentwicklung abgeben zu können, werden daher bestimmte Zusatzinformationen und

Faktoren, welche die Sprachentwicklung beeinflussen, benötigt. Ein entscheidender Faktor sind der Zeitpunkt, an dem der erste Kontakt mit der deutschen Sprache stattgefunden hat (häufig bezeichnet als »Age of Onset« [AoO]), und die Dauer des bisherigen Kontaktes. Außerdem ist es zum Beispiel wichtig, zu erfahren, wie viel Kontakt das Kind zur deutschen Sprache hat (z. B. nur in der Kita oder in der Kita und zu Hause). Auch spielt die Qualität des sprachlichen Inputs eine einflussnehmende Rolle. Am Beispiel von John ist es so, dass das Kind erst seit einem halben Jahr die Kita besucht und seitdem auch erst Deutsch lernt (Füssenich & Menz 2014, S. 116). Betrachtet man auf Grundlage dieser Informationen seine sprachlichen Äußerungen, ist es beispielsweise erstaunlich, dass er schon teilweise die Subjekt-Verb-Kongruenz beherrscht oder auch das Verb an die zweite Stelle setzt. Das Beispiel verdeutlicht, dass der Spracherwerb mehrsprachiger Kinder nicht am Spracherwerb einsprachiger Kinder gemessen werden sollte. Trotz der komplexen Erwerbsbedingungen gibt es zum Teil Ähnlichkeiten im Spracherwerb mehrsprachiger Kinder, zum Beispiel was die Abfolge des Erwerbs anbetrifft. Im Rahmen der Mehrsprachigkeitsforschung wurden verschiedene Erwerbstypen ermittelt, die in bestimmten Aspekten Rückschlüsse auf typische Charakteristika des Spracherwerbs erlauben. Diese beziehen sich überwiegend auf den Erwerb zweier Sprachen (Bilingualismus), da hierzu die meisten Forschungsarbeiten vorliegen (Chilla 2020, S. 118). Nachfolgend werden die Erwerbstypen basierend auf dem Erwerb zweier Sprachen erläutert und dargestellt, welche Besonderheiten sich beim Erwerb der deutschen Sprache in Abhängigkeit zu den Erwerbsbedingungen zeigen können. Um der Vielfalt der Erwerbssituationen gerecht zu werden, wird aber stets übergreifend von »Mehrsprachigkeit« gesprochen.

3.3 Besonderheiten des Spracherwerbs bei mehrsprachigen Kindern

Abhängig vom Zeitpunkt des ersten Kontakts mit den jeweiligen Sprachen lässt sich im kindlichen Mehrspracherwerb die *simultane* von der *sukzessiven* Mehrsprachigkeit unterscheiden. Beide Erwerbstypen unterscheiden sich vor allen Dingen im Zeitpunkt des ersten Kontakts mit den beiden Sprachen und im Sprachentwicklungsverlauf. Zusammengefasst sind die Erwerbstypen wie folgt aufgeteilt (z. B. Chilla 2022):

- Simultane Mehrsprachigkeit: AoO = 0 bis ca. 2 Jahre
- Sukzessive Mehrsprachigkeit/Kindlicher Zweitspracherwerb: AoO = ab ca. 2 Jahren

Das wichtigste Unterscheidungsmerkmal ist, dass bei der sukzessiven Mehrsprachigkeit die Erstsprache in ihren Grundzügen schon erworben wurde (Chilla 2022, S. 41). Zu bedenken ist, dass sich bei diesen Erwerbstypen die Erwerbsschritte zum Teil unterschieden, dies aber noch keinen Schluss zulässt, welche Sprachkompetenz die Kinder in den jeweiligen Sprachen erlangen (Chilla 2020, S. 116). Vielmehr scheinen weitere Faktoren, wie zum Beispiel die Menge und die Qualität des Inputs der jeweiligen Sprache oder auch die Motivation, eine Sprache zu lernen, die spätere Sprachkompetenz zu beeinflussen (zsf. Hammer et al. 2014, S. 24; Hoff 2018, S. 6).

3.3.1 Simultane Mehrsprachigkeit

Simultane Mehrsprachigkeit bedeutet, dass beide Sprachen mehr oder weniger parallel in den ersten Lebensjahren erworben werden. Dies muss nicht unbedingt ab der Geburt sein, sondern die zweite Sprache kann auch bis zum Ende des zweiten Lebensjahres hinzukommen (Chilla 2020, S. 114; Ruberg 2013, S. 182). Typische Erwerbsbedingungen sind hier, dass das Kind zum Beispiel zu Hause eine Sprache spricht und außerhalb der Familie eine andere Sprache. So spricht das Kind beispielsweise zu Hause

Türkisch, kommt dann mit einem Jahr in die Kita und lernt ab dann Deutsch. Häufig kommt es auch vor, dass die Elternteile jeweils unterschiedliche Sprachen mit dem Kind sprechen. Sprechen die Elternteile ausschließlich in ihrer jeweiligen Sprache mit dem Kind, wird dieses Prinzip als »One Person – One Language« bezeichnet. Praktisch ist dies aber nicht immer so strikt umzusetzen.

Forschungsarbeiten zeigen, dass grundsätzlich davon auszugehen ist, dass der Spracherwerb hier in beiden Sprachen so verläuft wie in der Erstsprache (Meisel 2009, S. 5). Das bedeutet, dass ein Kind, das Deutsch und Italienisch simultan erwirbt, in der Regel beide Sprachen erwirbt wie ein Kind, das *nur* Deutsch oder *nur* Italienisch erwirbt. Tracy spricht daher in diesem Zusammenhang von einem doppelten Erstspracherwerb (Tracy 1996). Chilla (2022, S. 28) weist mit Bezug auf neuere Ergebnisse darauf hin, dass beim simultanen Erwerb zweier Sprachen vielfältige Erwerbsmuster auftreten und der einsprachige Erwerb daher nur eingeschränkt als Erwerbsnorm herangezogen werden kann.

Es ist gut belegt, dass die Sprachsysteme bereits früh getrennt sind, wobei sie sich auch gegenseitig beeinflussen können (zsf. Hammer et al. 2014, S. 29). Erwirbt das Kind zum Beispiel ein bestimmtes grammatisches Prinzip in der einen Sprache, kann dies auch den Erwerb eines ähnlichen Prinzips in der anderen Sprache erleichtern. Dies funktioniert auch umgekehrt: Im Italienischen gibt es zum Beispiel die Möglichkeit der Subjektauslassung, im Deutschen aber nicht. Möglicherweise erwirbt dann ein deutsch-italienisch simultan aufwachsendes Kind die Null-Subjekt-Eigenschaft des Italienischen erst später (Chilla 2022, S. 28 f.). Häufig kommt es auch zu einem Vermischen der beiden Sprachen und/oder einem Wechsel innerhalb der Kommunikation (siehe unten). Typisch für den simultanen Erwerb zweier Sprachen ist, dass die jeweiligen Sprachen etwas langsamer erworben werden im Vergleich zum monolingualen Spracherwerb (Hoff & Core 2015, S. 3). Dies ist gut nachvollziehbar und nicht verwunderlich – so muss sich das Kind schließlich die sprachlichen Strukturen zweier Sprachen erschließen und ist mit jeder der zwei Sprachen für sich gesehen wahrscheinlich weniger im Kontakt als Kinder, die nur eine einzige Sprache erwerben (Hoff & Core 2015, S. 4). Mit dem Wortschatzerwerb verhält es sich so, dass dieser immer stark an soziale Situationen gebunden ist. Hier ist es daher wahrscheinlich, dass ein simultan mehrsprachiges Kind eine Vielzahl an Wörtern zunächst nur in der jeweils einen Sprache kennt (Chilla 2022, S. 30). Wenn ein Kind zum Beispiel simultan mit Bulgarisch und Deutsch aufwächst und mit der Deutsch sprechenden Mutter immer Fußball spielt und mit dem Bulgarisch sprechenden Vater Kuchen backt, ist es wahrscheinlich, dass das Kind die Wörter, die thematisch mit den jeweiligen Aktivitäten in Verbindung stehen, zunächst erstmal nur in der einen Sprache erwirbt. Dabei ist der Wortschatz von simultan mehrsprachigen Kindern in den jeweiligen Sprachen meist geringer verglichen mit gleichaltrigen Kindern, die nur eine Sprache erwerben. Fasst man aber den Wortschatz beider Sprachen zusammen, ist dieser meist größer als bei einsprachigen Kindern (Chilla 2022, S. 40).

3.3.2 Sukzessive Mehrsprachigkeit/Kindlicher Zweitspracherwerb

Die sukzessive Mehrsprachigkeit unterscheidet sich von der simultanen Mehrsprachigkeit dadurch, dass die erste Sprache in den Grundzügen schon erworben ist. Hier herrscht eine große Variation im Spracherwerbsverlauf, da Faktoren wie das Alter bei Kontaktbeginn, die Kontaktdauer und auch die individuelle Lerngeschwindigkeit eine zentrale Rolle spielen. Die wohl größte Gruppe an Kindern lässt sich dem *frühen Zweitspracherwerb* zuordnen. Diese umfasst Kinder, die mit der zweiten Sprache ab ca. 2 Jahren bis ca. 4 Jahren zum ersten Mal in Kontakt treten (Chilla 2022, S. 57). Typisch wäre zum Beispiel, dass ein Kind ab der Geburt die türkische Sprache erwirbt und dann mit 3 Jahren in der Kita zum ersten Mal in Kontakt mit der deutschen Sprache kommt.

Was den Erwerb des Satzbaus im Deutschen anbetrifft, durchlaufen diese Kinder die Phasen (▶ Kap. 1.1) in der Regel genauso wie einsprachige Kinder. Hinsichtlich des Erwerbs der Satzstruktur zeigen sich aber große interindividuelle Unterschiede in der Geschwindigkeit (Chilla 2022, S. 51). In manchen Bereichen scheinen früh sukzessiv mehrsprachige Kinder aber auch schneller zu sein als einsprachige Kinder. So scheint die Phase der infiniten Verbendstellung (▶ Kap. 1) weniger ausgeprägt zu sein als bei einsprachigen Kindern. Sie eignen sich sehr schnell die Verbklammerstruktur des Deutschen an. Dies lässt sich zum Beispiel dadurch erklären, dass die Kinder durch den Erwerb der ersten Sprache bereits wissen, wie Sprache funktioniert, also zum Beispiel, dass Sprache aus Wörtern und strukturellen Regeln besteht. Dies erleichtert den Erwerb der zweiten Sprache (Chilla 2022, S. 52). Typisch ist auch, dass der Erwerb von Kasus (z. B. Akkusativ – »ich nehme *den* Stuhl«) und grammatischem Geschlecht (Genus – z. B. *eine* Katze, *der* Hund, *der* kleine Hase) zwar genauso verläuft wie bei einsprachigen Kindern, er häufig aber länger dauert als der Erwerb der Satzstruktur und der Verbflexion und bis in die Grundschulzeit hinein geht (Ruberg 2013, S. 183).

Was den Wortschatzerwerb betrifft, entspricht der Umfang an Wörtern in der Erstsprache meist dem Wortschatzumfang eines einsprachigen Kindes. In der Zweitsprache fällt der Wortschatzumfang zunächst etwas niedriger aus, was sich durch die Dauer des Kontaktes mit der deutschen Sprache erklären lässt. Trotzdem verfügen die Kinder bereits über vielfältige Erwerbsstrategien, was ihnen den Wortschatzerwerb in der Zweitsprache erleichtert. Im Schulalter haben viele Kinder aber einen Wortschatz in der Zweitsprache erreicht, der dem von einsprachigen Kindern gleicht. Qualitativ gesehen ist der Wortschatz in der Zweitsprache in den ersten Jahren oft weniger ausdifferenziert. Dabei zeigen sich die Kinder aber als lexikalisch kompetent. So werden zum Beispiel Wörter aus der Erstsprache »geliehen« oder sie nutzen mehr allgemeine Wörter (»tun«, »machen«, »Dings«), nutzen Umschreibungen und bilden kreative neue Wörter (Chilla 2022, S. 43). Auch dies lässt sich mit der Dauer des Kontaktes zur Zweitsprache erklären, ist aber auch sehr stark abhängig von der Qualität des sprachlichen Inputs in der Zweitsprache. Bieten sich dem Kind vielfältige sprachliche Anregungen und besteht »die Notwendigkeit zum Erwerb neuer Wörter« (Chilla 2022, S. 43), wird der Wortschatz schnell ausgebaut. Wenn ein Kind zum Beispiel hauptsächlich durch den Kita-Besuch mit Deutsch in Kontakt kommt, hängt es folglich sehr davon ab, wie die sprachliche Anregung von Seiten der pädagogischen Fachkräfte bzw. der gesamten Kita ist.

Erwirbt ein Kind ab ca. 4 bis 5 Jahren die zweite Sprache, zeigen sich hinsichtlich des Spracherwerbsverlaufs besonders im grammatischen Bereich nun teilweise qualitative Unterschiede zum frühen Zweitspracherwerb (Meisel 2009, S. 18), auch wenn es dazu bisher noch zu wenig systematische Forschung gibt. Im grammatischen Bereich können sich hier einige Ähnlichkeiten zum Zweitspracherwerb Erwachsener zeigen, durch Phänomene, die eigentlich nicht bei einsprachig oder früh sukzessiv-mehrsprachig aufwachsenden Kindern vorkommen. Mit Bezug auf die Studie von Chilla (2008) beschreiben Chilla et al. (2022, S. 57), dass zum Beispiel häufiger Äußerungen gemacht werden, bei denen das Verb an die dritte Stelle gesetzt wird (»dann der Frosch geht weg«[5]). Dieses Phänomen kommt im einsprachigen Erwerb eigentlich nicht vor, vielmehr wird hier das Verb zunächst ans Ende, danach aber korrekt an die zweite Stelle gesetzt (▶ Kap. 1). Auch konnte beobachtet werden, dass ein nicht-finites Verb häufiger in die Verbzeitposition gestellt wird (siehe das Beispiel von John oben: »Ich nehmen zweite«). Bei einsprachigen, simultan-mehrsprachigen oder früh sukzessiv-mehrsprachigen Kindern ist der Erwerb der Verbzweitstellung und der Subjekt-Verb-Kongruenz aufeinander bezogen. Das heißt, wenn ein Kind lernt, das Verb an das Subjekt anzupassen, stellt es das in der Regel auch an die zweite Stelle. Dies scheint bei Kindern, die erst später Deutsch als zweite Sprache erwerben, weniger der Fall zu sein (Ruberg 2013, S. 183).

Ein typisches Phänomen im kindlichen Zweitspracherwerb ist eine anfängliche »stille Phase« (engl. silent period), in der die Kinder zunächst noch nicht in der neuen Sprache kommunizieren, sondern sich erst damit befassen, ihr Hörverstehen aufzubauen (Kolb & Fischer 2019, S. 25).

Von den oben genannten Erwerbsmodellen ist der Zweitspracherwerb Erwachsener abzugrenzen. Wird die zweite Sprache erst ab ca. 10 Jahren bzw. im Erwachsenenalter gelernt, wird häufig eine geringere Sprachkompetenz erworben als beim kindlichen Spracherwerb. Genauer gesagt, stagniert der Spracherwerb oft auf einer bestimmten Stufe. Dies wird »Fossilierung« genannt. Auch machen erwachsene Zweitsprachlerner*innen bestimmte Fehler, die bei Kindern eher nicht vorkommen. Der Spracherwerbsverlauf ist zudem sehr stark variierend zwischen den einzelnen Lerner*innen und der Transfer von bestimmten Merkmalen der Erstsprache in die Zweitsprache spielt eine größere Rolle (Ruberg 2013, S. 182).

---

5 Beispiel aus Chilla (2008)

Zusammenfassend lässt sich feststellen, dass es nicht *die* Gruppe an mehrsprachigen Kindern gibt, sondern der Verlauf des Spracherwerbs von verschiedenen Faktoren beeinflusst wird, denn »Mehrsprachigkeit ist nicht gleich Mehrsprachigkeit« (Chilla, Rothweiler & Babur 2010, S. 22). Ein maßgeblicher Faktor ist der Zeitpunkt des ersten Kontakts mit den jeweiligen Sprachen. Aber auch die Qualität und Quantität des Inputs oder auch individuelle Voraussetzungen beeinflussen den Spracherwerb (Hoff & Core 2015, S. 6). Besonders beim sukzessiv-bilingualen Erwerb beeinflusst die Motivation und die individuelle Bedeutung, die ein Kind der jeweiligen Sprache zumisst, den Spracherwerb (Chilla 2020, S. 123).

Aus der Tatsache, dass ein Kind die Sprachen simultan oder sukzessiv erwirbt, lässt sich keine Vorhersage ableiten, wie erfolgreich die Sprachen erworben werden. Ein möglichst früher Kontakt mit beiden Sprachen ist förderlich, allerdings können auch Kinder, die erst in einem späteren Alter (z. B. in der Grundschule) in Kontakt mit der deutschen Sprache kommen, die zweite Sprache erfolgreich erwerben. Zudem weist Chilla darauf hin, dass »der Übergang von einem typischen Erst- zu einem typischen Zweitspracherwerb (...) fließend [ist], d. h. die kindlichen Erwerbsfähigkeiten verschwinden nicht von einem Tag zum anderen (...)« (Chilla 2022, S. 58).

Auf Basis bisheriger Forschungsergebnisse fasst Hoff (2018, S. 6f.) zusammen, dass mehrsprachige Kinder in ihrem Spracherwerb besonders unterstützt werden, wenn

- ausreichend Kontakt zu beiden Sprachen besteht,
- der sprachliche Input von in der jeweiligen Sprache kompetenten Sprecher*innen geliefert wird,
- die Herkunftssprache (bzw. die Sprache, welche nicht die Umgebungssprache ist) von der Gesellschaft geschätzt wird,
- die Kinder sich in einem Umfeld befinden, welches sie jeweils motiviert, in den beiden Sprachen zu sprechen.

3.3.3 Sprachmischungen und Sprachdominanz

Ein sehr verbreitetes Phänomen, egal bei welchem Spracherwerbstyp der Mehrsprachigkeit, ist das Auftreten von Sprachmischungen (engl. Code-Switching) wie die folgende Äußerung vom simultan-bilingualen Kind *Audrey* (4 Jahre) zeigt: »*When the Pailletten fall runter, you have to schmeiss them in the Müll*«.

Sprachmischungen zeichnen sich dadurch aus, dass entweder innerhalb eines Satzes beide Sprachen verwendet werden – wie im Beispiel von Audrey – oder aber auch im Rahmen der Kommunikationssituation zwischen den Sprachen hin und her gewechselt wird (Roos & Sachse 2019, S. 19). Früher wurden diese Sprachmischungen oft als ein Zeichen für eine unzulängliche Sprachkompetenz gewertet. Heute wissen wir aber, dass diese Phänomene ganz typisch beim Erwerb zweier Sprachen sind und in keinem Zusammenhang mit einem beeinträchtigen Spracherwerb stehen. Vielmehr haben die Sprachmischungen einen kommunikativen Nutzen und sind ein Zeichen »bilingualer Kompetenz« (Chilla 2022, S. 29). Seit einiger Zeit wird in diesem Zusammenhang häufig das Konzept des »Translanguaging« herangezogen. Dies bezieht sich auf den dynamischen Sprachgebrauch, genauer gesagt auf das komplexe linguistische Repertoire der mehrsprachigen Menschen und die daran geknüpfte Praxis des mehrsprachigen Denkens und Handelns (Panagiotopoulou 2016, S. 13, 15). Panagiotopoulou betont in diesem Zusammenhang, dass es aber nicht zwangsläufig so ist, dass mehrsprachige Kinder ihre Sprachen mischen. Vielmehr orientieren sich Kinder pragmatisch an den situativen Gegebenheiten. Das Kind kann – wie es für die Situation passt – beide Sprachen nutzen. So passen sich bereits sehr kleine Kinder mit ca. 2 Jahren dem Gegenüber an. Denn sie nutzen diese Sprachmischungen eher, wenn sie mit jemandem sprechen, der*die ebenfalls mehrsprachig ist, und nutzen jeweils nur die eine Sprache im Gespräch mit einer Person, die nur eine ihrer Sprachen spricht (Ruberg & Rothweiler 2012, S. 34). Forschungsergebnisse haben zudem gezeigt, dass Kinder durch Sprachmischungen Wortschatzlücken kompensieren. Denn wenn ihnen innerhalb eines Satzes ein Wort nicht einfällt, sie es nicht kennen oder es das Wort in der anderen Sprache vielleicht gar nicht gibt, können sie es durch das entsprechende Wort in der anderen Sprache ersetzen (z B. Greene, Peña & Bedore 2013).

Im Kontext des Mehrspracherwerbs begegnet einem häufig der Begriff der »Sprachdominanz«. Damit ist in der Regel gemeint, dass eine Sprache »auf grammatischer Ebene qualitativ und quantitativ stärker entwickelt ist als die andere« (Chilla 2022, S. 65). Dieses Verhältnis ist aber nicht statisch. Da der Erwerb der beiden oder mehrerer Sprachen wie oben erwähnt von vielen Erwerbsbedingungen beeinflusst wird und damit zusammenhängend die jeweiligen Sprachen nie in genau gleicher Qualität und Quantität erworben werden, ist es nicht verwunderlich, dass die Sprachkompetenz der jeweiligen Sprachen nicht immer übereinstimmt und auch je nach soziokulturellem Kontext und individueller Präferenz der Sprechenden über den Verlauf des Lebens variiert. Mehrsprachigkeit wird davon ausgehend nicht als feste Kategorie verstanden, sondern eher als Dimension mit den unterschiedlichsten Variationen und Ausprägungen (Roos & Sachse 2019, S. 17).

3.4 Mehrsprachigkeit zwischen individueller Chance und gesellschaftlicher Aufgabe

Die Ergebnisse der letzten PISA-Studien haben gezeigt, dass Kinder mit Migrationshintergrund, und dazu zählen auch viele mehrsprachige Kinder, in bestimmten Bereichen, wie zum Beispiel der Lesekompetenz, deutlich schlechter abschneiden als Kinder ohne Migrationshintergrund (OECD 2018, S. 7). Kinder mit Migrationshintergrund werden demnach tendenziell im Bildungssystem benachteiligt, da die Chancen auf Bildungserfolg an erster Stelle davon abhängen, wie gut die Kinder Deutsch sprechen (Gogolin 2013, S. 38 f.). Folglich wird ein Migrationshintergrund bzw. genauer gesagt eine Mehrsprachigkeit häufig mit einem Sprachförderbedarf in Verbindung gebracht und infolgedessen mit kompensatorischen Förderbestrebungen, was die Mehrsprachigkeit an sich als einen Nachteil erscheinen lassen könnte. Diese Sichtweise beschränkt aber den Blick auf die Mehrsprachigkeit als vermeintliche nachteilige Kategorie und wendet den Fokus weg von der gesellschaftspolitischen Verantwortung, mehrsprachige Kinder von Anfang an in ihrer Mehrsprachigkeit zu würdigen, zu akzeptieren und zu unterstützen. So schreibt Tracy (2007, S. 57 f.) dazu:

> »Nachteilig ist nicht Mehrsprachigkeit an sich, sondern der Erklärungs- und Rechtfertigungszwang, mit dem sich mehrsprachige Menschen immer wieder konfrontiert sehen, z. B. dann, wenn sie ihre familiäre Sprachpolitik verteidigen müssen (…) oder weil man bei ihnen – anders als bei sogenannten Monolingualen – dazu neigt, jedes Wort auf die Goldwaage zu legen. Ein echter Nachteil ist es sicher auch, dass wir uns immer noch schwer damit tun, das Kindern in die Wiege gelegte Talent zum mehrsprachigen Spracherwerb angemessen zu fördern. Dies ist aber kein Problem, das in Folge der Mehrsprachigkeit entsteht, sondern eher durch ihre Verhinderung.«

Tracy (2007, S. 58) merkt zudem an, dass die gesellschaftliche Anerkennung der Mehrsprachigkeit auch davon abhängt, welcher Stellenwert den jeweiligen Sprachen im Bildungssystem zugemessen wird oder ob die Sprachkompetenz in einer bestimmten Sprache zum Beispiel einen späteren Vorteil auf dem Arbeitsmarkt darstellt. So wird Mehrsprachigkeit mit Sprachen, die politisch und gesellschaftlich bedeutsam sind, wie zum Beispiel Englisch oder Französisch, oft höher gewertet, während Minderheitensprachen wie z. B. Farsi oder Persisch häufig eher mit vermeintlich nachteiligen Aspekten von Mehrsprachigkeit verbunden werden (z. B. einem sprachlichen Förderbedarf der Kinder). Aus sprachwissenschaftlicher Perspektive ist eine Mehrsprachigkeit aber, egal in welcher Kombination der Sprachen, von kognitiven Vorteilen gekennzeichnet. Nachteile zeigen sich nur, wenn die Sprachleistungen einer der Sprachen mit der jeweils einsprachigen Norm verglichen wird (siehe Chilla 2020, S. 113 für einen Überblick).

Für das Erreichen von Bildungserfolg im deutschen Bildungssystem ist eine kompetente Beherrschung der deutschen Sprache eine Voraussetzung – Gogolin (1994) spricht hier von einem »monolingualen Habitus«. Viele Bestrebungen im frühkindlichen Bildungssystem sind daher darauf ausgelegt, den Erwerb der deutschen Sprache möglichst frühzeitig zu unterstützen, um eine Benachteiligung aufgrund fehlender Sprachkenntnisse im schulischen Bildungssystem möglichst gar nicht entstehen zu lassen. Trotzdem entwickelt sich auch ein immer größeres Bewusstsein dafür, der familiären Sprachenvielfalt Raum und Wertschätzung zu geben und die

Kinder, z. B. durch herkunftssprachlichen Unterricht, in der Entwicklung der Erstsprache zu unterstützen. Auch die Kita sollte ein Ort sein, der den sprachlichen Hintergrund der Familien willkommen heißt und ihn sichtbar macht, z. b. in Form der Raumgestaltung und der pädagogischen Arbeit. Die praktische Umsetzung dessen wird Gegenstand des folgenden Kapitels sein.

4 Mehrsprachigkeit in der Kindertagesstätte

Die Inklusion von Mehrsprachigkeit und kultureller Vielfalt in den Kita-Alltag ist mittlerweile überwiegend übereinstimmend in den Bildungsprogrammen der Bundesländer verankert (Jahreiß 2018, S. 42). So wird zum Beispiel im niedersächsischen Bildungsplan formuliert:

> »Die Wertschätzung der sprachlichen Herkunft und Geschichte eines Kindes, also auch seiner Erst- oder Familiensprache(n), ist von enormer Bedeutung für den erfolgreichen Zweitspracherwerb. Schließlich ist die Sprachpraxis der Familie wesentliches Element seiner individuellen Lebenserfahrung, seiner ersten prägenden Sprachaneignung, seiner Persönlichkeit« (Niedersächsisches Kultusministerium 2011, S. 9).

Die praktische Umsetzung dieses Wunsches weicht aber häufig noch vom zu erreichenden Ziel ab (Jahreiß, Ertanir, Frank, Sachse & Kratzmann 2017). In diesem Kapitel werden Herangehensweisen und Möglichkeiten aufgezeigt, wie eine sprachliche Vielfalt in den verschiedenen Facetten des pädagogischen Alltags gelebt werden kann.

4.1 Was ist eine mehrsprachige Kita?

Hinsichtlich der Berücksichtigung von Mehrsprachigkeit vermittelt der Blick auf die Kita-Landschaft in Deutschland verschiedene Typen von Kitas. Zum einen gibt es Kitas, die sich explizit als mehrsprachige, meist bilinguale, Kitas bezeichnen. Das Thema Mehrsprachigkeit ist hier konzeptionell bereichsübergreifend verankert und bedeutet konkret, dass zwei

Sprachen im Alltag der Kita, sowohl durch pädagogische Fachkräfte als auch Kinder, gesprochen und gelebt werden. Neben der deutschen Sprache sind dies mit Abstand am häufigsten Englisch oder Französisch, aber auch Dänisch, Spanisch, Türkisch, Russisch und weitere Sprachen (Frühe Mehrsprachigkeit an Kitas und Schulen e. V. [fmks] 2014, S. 4). Ziel dieser Kitas ist es, dass die Kinder eine möglichst hohe Sprachkompetenz in den beiden Sprachen erreichen. Eltern wählen diese bilingualen Kitas häufig gezielt für ihre Kinder, wenn sie zum Beispiel selbst die jeweiligen Sprachen sprechen. Auch wird es von manchen als vorteilhaft angesehen, wenn ein Kind früh zwei Sprachen lernt, selbst wenn eine Sprache durch die Eltern nicht alltäglich gesprochen wird. Der Verein »Frühe Mehrsprachigkeit an Kitas und Schulen e. V. [fmks]« (2014, S. 4) definiert verschiedene Kriterien, die eine bilinguale Kita ausmachen. So werden in bilingualen Kitas beide Sprachen im Alltag gesprochen, sodass die Kinder die jeweiligen Sprachen nicht mittels gezielter Instruktion, sondern durch den natürlichen Kontakt in authentischen Situationen im »Sprachbad« (Immersion) (Kolb & Fischer 2019, S. 14) erwerben. Zudem wird nach dem Prinzip »One Person – One language (OPOL)« (▶ Kap. 3.3.1) gearbeitet. Demnach kommuniziert beispielsweise eine englischsprachige pädagogische Fachkraft – die im Idealfall Muttersprachlerin ist oder auf muttersprachlichem Niveau spricht – in der Regel mit den Kindern nur auf Englisch, auch wenn sie auf Deutsch angesprochen wird. Eine Alternative dazu bietet das Prinzip »Eine Situation – eine Sprache«. Hier werden keine Personen festgelegt, die durchgängig in den jeweiligen Sprachen sprechen, sondern Situationen bestimmt, in denen durchgängig die jeweiligen Sprachen gesprochen werden (z. B. Englisch im Morgenkreis, Deutsch beim Mittagessen) (Rösch 2011, S. 161). Bei beiden Vorgehensweisen soll sichergestellt sein, dass die Kinder gleichermaßen im Kontakt zu beiden Sprachen sein können.

Vertreter*innen des Translanguaging-Konzeptes (▶ Kap. 3.3.3) kritisieren bisweilen die Praxis der strikten Sprachentrennung in bilingualen Kitas. So bezeichnen Halser und Filiz (2019, S. 122) die bilingualen Kitas als »Räume doppelter Einsprachigkeit«, die es den Kindern verwehren, »Erwachsene als mehrsprachige Vorbilder zu erleben«. Translanguaging hingegen versteht sich als sprachbildendes Konzept, in dem die verschiedenen Sprachen nicht als getrennte Systeme angesehen werden. Vielmehr werden die Sprachen natürlicherweise flexibel und situationsorientiert eingesetzt (Halser & Filiz 2019, S. 120). Im Mittelpunkt steht das Ziel, dem Kind einen Raum zu bieten, in dem es sich wohl fühlt und unabhängig seiner Sprachkenntnisse partizipieren kann und der es ihm davon ausgehend ermöglicht, Sprache(n) zu lernen. Im Gegenzug soll der Spracherwerb nicht erst das Mittel sein, damit Kinder überhaupt erst Teilhabe und Ausdrucksmöglichkeiten erleben können (Halser & Filiz 2019, S. 125).

Den bilingualen Kitas gegenüber stehen die Mehrzahl der Einrichtungen, in denen von den pädagogischen Fachkräften vorrangig Deutsch gesprochen wird. Inwiefern das Thema Mehrsprachigkeit eine Rolle spielt, wird hier häufig sehr stark davon beeinflusst, welchen sprachlichen Hintergrund die Kinder »mitbringen« und wie viele Kinder mehrsprachig aufwachsen. Dementsprechend ist das Thema dann auch mehr oder weniger konzeptionell verankert. Einen besonderen (mehr)sprachigen Fokus haben viele Kitas, die besondere Mittel für die sprachliche Bildung erhalten – zum Beispiel durch das (ehemalige) Bundesprogramm Sprach-Kitas[6]. Im Gegensatz zu den bilingualen Kitas ist das sprachliche Ziel hier vorrangig die Wertschätzung und Akzeptanz von verschiedenen Sprachen und Kulturen (Holtappels & Keul 2019, S. 102) sowie die verstärkte Unterstützung des Spracherwerbs des Deutschen. So zum Beispiel besonders dann, wenn die Kita einer der wenigen Lebensräume ist, in denen die Kinder mit Deutsch in Kontakt kommen.

4.2 Konzeptionelle Grundlagen

Wie das Thema mehrsprachige Bildung im Kita-Alltag gelebt werden soll, sollte zunächst grundlegend im Team diskutiert und anschließend in der Kita-Konzeption verankert werden. Bei bilingualen Kitas ist in den meisten Fällen die Immersion oder auch Translanguaging als grundlegendes Prinzip konzeptuell bereits vorgegeben. Aber gerade für Kitas, die sich erst

---

6 https://www.fruehe-chancen.de/?id=436

auf den Weg machen, den Umgang mit Mehrsprachigkeit konzeptuell zu verankern, ist es wichtig, das gesamte Kita-Team für das Thema zu sensibilisieren und – noch bevor es um konkrete Methoden, Tools etc. geht – die eigene Haltungsfrage zu diskutieren. Denn je mehr sich die Relevanz für das Thema Mehrsprachigkeit in der eigenen Haltung widerspiegelt, desto einfacher und selbstverständlicher wird sie zu einem Leitprinzip der gesamten pädagogischen Arbeit im Team. Dabei können folgenden (erste) Leitfragen zur Selbstreflexion hilfreich sein:

- Welche Einstellung habe ich zum Thema »mehrsprachige Bildung und Erziehung«? Werte ich kindliche Mehrsprachigkeit anders, je nachdem welche Sprachen gesprochen werden?
- Welche eigenen Erfahrungen habe ich mit Mehrsprachigkeit gemacht und wie könnten diese mein pädagogisches Handeln heute beeinflussen?
- Wie möchte ich Familien begegnen, die verschiedene Sprachen in die Kita einbringen und selbst vielleicht (noch) kein Deutsch sprechen?
- Wie möchte ich Kindern begegnen, die vielleicht vor dem Eintritt in die Kita noch sehr wenig Kontakt zur deutschen Sprache hatten?

4.3 Möglichkeiten der Gestaltung des Kita-Alltags

Sprachenvielfalt und die Wertschätzung von Mehrsprachigkeit können sich durch alle Bereiche des Kita-Alltags ziehen. Das Spektrum reicht von der Raumgestaltung über den Einsatz von Material, der Zusammenarbeit mit Eltern bis hin zu Besonderheiten der Fachkraft-Kind-Interaktion. Idealerweise ist die Berücksichtigung der Mehrsprachigkeit nicht nur auf ein alleinstehendes Projekt oder Material bezogen. Macht sich die Kita erst neu auf den Weg, die Mehrsprachigkeit für sich zu entdecken, ist es selbstverständlich, dass die Bearbeitung Schritt für Schritt erfolgt und nach und nach mehr pädagogische Bereiche durchzieht. So kann zum Beispiel die Raumgestaltung eine erste niedrigschwellige Herangehensweise sein, die die Offenheit für sprachliche Vielfalt für Kinder und Eltern gleich beim Betreten der Kita sichtbar macht. Ein Willkommensgruß in vielen Sprachen im Eingangsbereich ist zum Beispiel ein kleiner Aufwand, erzielt aber eine große Wirkung. Grundsätzlich sollte bei der Raumgestaltung darauf geachtet werden, keine Stereotype und Vorurteile zu bedienen, es ergibt hier Sinn, Eltern und Kinder mit einzubeziehen (Kolb & Fischer 2019, S. 96).

Da die Möglichkeiten sehr umfangreich sind, können sie an dieser Stelle nur exemplarisch erläutert werden. Zur weiterführenden Anregung ist die Website des Bundesprogramms Sprach-Kitas[7] zu empfehlen (z. B. der interaktive Flyer »Ideen zum Mitnehmen«). Außerdem bietet das kostenlos erhältliche Buch »QITA – Qualität in zwei- und mehrsprachigen Kindertageseinrichtungen« (Kolb & Fischer 2019) mit dazugehörigem Tool-Kit eine Fülle an Umsetzungsideen.

4.3.1 Mehrsprachige Bilderbücher

Eine einfache und bereits häufig verbreitete Möglichkeit der Integration von Mehrsprachigkeit in den pädagogischen Alltag ist der Einsatz von mehrsprachigen Bilderbüchern. Mehrsprachige Bilderbücher beinhalten die jeweilige Geschichte in zwei oder auch mehr verschiedenen Sprachen. Bei der Mehrzahl der Bücher handelt es sich um *parallel mehrsprachige Bücher*, das heißt, die Geschichte wird hintereinander oder nebeneinander in verschiedenen Sprachen abgedruckt (Eder 2016, S. 5). Möglich ist auch die Verwendung von separaten Büchern, die als Übersetzungen in verschiedenen Sprachen vorliegen. Einige Bücher wechseln auch innerhalb der Geschichte zwischen zwei Sprachen, in dem Sinne, dass einzelne Textelemente in verschiedenen Sprachen verfasst sind. Sie bilden somit realistischer die zweisprachige Lebenswelt der Kinder ab (Translanguaging,

---

7 https://www.fruehe-chancen.de/themen/sprachliche-bildung/bundesprogramm-sprach-kitas

I Spracherwerb des Kindes im Alter von 0–6 Jahren

▶ Kap. 3.3.3). Diese Bücher werden als *integrierte mehrsprachige Bücher* oder auch *Sprachmischung* (Eder 2016, S. 6) bezeichnet. Auch Bilderbücher ohne Text, wie zum Beispiel die in jeder Kita-Bibliothek vorkommenden Wimmelbücher, eignen sich besonders für den Einsatz im mehrsprachigen Kontext, da sie beliebig an die gesprochene Sprache angepasst werden können. Neben Wimmelbüchern gibt es aber auch textfreie Bilderbücher, die eine chronologische Handlung verfolgen.

Die Tabelle 4.1 gibt einen kurzen Überblick über die verschiedenen Arten von Bilderbüchern, die für den mehrsprachigen Einsatz geeignet sind, sowie dazugehörige Beispiele.

Tab. 4.1: Mehrsprachige und für den mehrsprachigen Einsatz geeignete Bilderbücher (Beispiele)

Art	Beispiele
Übersetzungen von einzelnen Büchern	»Die kleine Raupe Nimmersatt« (Carle 2021); das Buch liegt in vielen Übersetzungen vor Willi Wiberg auf Arabisch, z. B. »As-Shatir Burhan«[8] (Bergström 2016)
Parallel mehrsprachige Bücher	»Ich bin anders als du/Senden farklıyım – Senin gibiyim« (Kitzing 2022); Türkisch-Deutsch, in 12 weiteren Sprachkombinationen mit Deutsch erhältlich »Das kleine Ich bin ich – viersprachig« – Deutsch, Kroatisch, Serbisch, Türkisch (Lobe & Weigel 2016)
Integrierte mehrsprachige Bücher	»Sinan und Felix« – Türkisch und Deutsch (Çelik & Korthues 2016)
Bücher ohne Text	Wimmelbücher, z. B. »Mimis kunterbunte Welt« (Haas & Boyne 2021) »Die Torte ist weg« (Tjong-Khing 2022)

Eine systematische Übersicht über geeignete mehrsprachige Bilderbücher und deren Einsatz zur sprachlichen Bildung in der Kita bietet die »Handreichung Mehrsprachige Bilderbücher« der Sprachwerkstatt der HAWK

---

8 dt. »Willi Wiberg kann jetzt Schleifen machen«

Hildesheim (HAWK Sprachwerkstatt 2022). Hilfreich ist auch die jährlich neu erscheinende Broschüre »Mehrsprachige Kinderbücher«[9], die als Gemeinschaftsprojekt verschiedener – zum Teil auf Mehrsprachigkeit spezialisierter – Verlage erscheint. Auch online existieren mittlerweile einige Portale, um mehrsprachige Kinderbücher digital zu erwerben. Einen partizipativen Ansatz bietet der Lübecker Verein Bücherpiraten e. V. Über die Website *bilingual-picturebooks.org* werden von Kindern und Jugendlichen verfasste Bilderbücher veröffentlicht und von Ehrenamtlichen in eine Vielzahl an Sprachen übersetzt.

Neben dem sprachlichen Aspekt sollte bei der Auswahl der Bilderbücher darauf geachtet werden, dass Inhalte und grafische Darstellung eine möglichst große Vielfalt an kulturellen Lebensweisen und Familienformen zeigen sowie dass sie möglichst frei von Stereotypen und normativen Darstellungen sind.

Idealerweise sollte die Kita eine Auswahl an Bilderbüchern in verschiedenen Sprachen bereithalten. Da die Fachkräfte häufig die Erstsprache des Kindes bzw. der Familie nicht beherrschen, eignet sich der Einsatz ganz besonders für die Zusammenarbeit mit Eltern. Wird eine Geschichte in der deutschen Version – zum Beispiel im Morgenkreis – vorgelesen, kann sie in einer zweiten Sprache an die Eltern mit nach Hause gegeben werden, sodass die Geschichte Zuhause noch einmal vorgelesen werden kann. Lohnenswert ist es auch, die Angebote von örtlichen Büchereien oder Initiativen zu prüfen. So entstand in Schleswig-Holstein im Rahmen des Bundesprogramms Sprach-Kitas eine landesweite Kooperation zwischen den öffentlichen Bibliotheken und den Sprach-Kitas[10]. Mit Unterstützung der Fachberatungen Sprach-Kitas wurden durch die Bibliotheken Medienboxen zusammengestellt, die neben einsprachigen und textfreien Bilderbüchern auch mehrsprachige Bilderbücher enthalten. Durch Ergänzung von sogenannten »Wochenendrucksäcken« können Eltern die Bücher am Wochenende mit nach Hause nehmen und zu Hause vorlesen.

Auch im Rahmen der Eingewöhnung bieten mehrsprachige Bilderbücher einen besonderen Mehrwert. Besonders, wenn die Kinder erst mit

---

9 https://www.edition-bilibri.com/gemeinschaftsbroschuere/
10 »Mit Worten wachsen. Medien für Sprach-Kitas in Schleswig-Holstein« (https://www.bz-sh.de/projekte-bestaende/sprachkompetenz-fuer-kinder)

dem Kita-Eintritt beginnen, die deutsche Sprache zu lernen, können die mehrsprachigen Bilderbücher eine Brücke von der vertrauten Familienwelt zur zunächst fremden Welt der Kita schlagen.

4.3.2 Digitale Medien

Wie können die Sprachen in die Kita kommen, wenn die Eltern nicht anwesend sind und auch keine Fachkräfte die Sprachen sprechen? Eine Unterstützung bieten hier (digitale) Medien, die individuell und bedarfsgerecht eingesetzt werden. Eine einfache Möglichkeit ist der Einsatz von Sprachklammern. Die Sprachklammern sehen aus wie farbige Wäscheklammern aus Kunststoff und lassen sich an Papieren, Bildern etc. befestigen. Jede Klammer besitzt eine Audio-Aufnahmefunktion mit ca. 10 Sekunden Dauer. So können zum Beispiel Eltern in ihrer Sprache eine kleine Botschaft für die Kinder aufsprechen, die sich die Kinder im Laufe des Tages immer wieder anhören können. Oder die Klammern können mit den jeweils zugehörigen Wörtern oder Sätzen passend zu einer Bildkarte besprochen werden. Die Einsatzmöglichkeiten im Alltag sind sehr vielfältig und die Klammern können beliebig oft neu besprochen werden. Derartige Geräte gibt es auch in anderen Ausführungen (z. B. »Sprechende Knöpfe«, »Sprechender Stift«) und mit variierender Aufnahmekapazität. Erweiterte Möglichkeiten bieten Sprachwände, auch häufig Erzählboards genannt. Hier können auf einer großen Wand Bildkarten nach Wahl eingeschoben und jeweils mit Texten besprochen werden. So kann zum Beispiel eine Geschichte Bild für Bild erzählt werden. Oder jedes Kind gestaltet sein eigenes Schubfach und bespricht es dann in der jeweiligen Sprache. Auch können über CDs oder andere digitale Medien Hörspiele gehört oder Lieder in verschiedenen Sprachen abgespielt werden, wenn sie noch nicht bekannt sind.

4.3.3 Projekte und Angebote: Beispiel Sprachenportraits

Mehrsprachigkeit im pädagogischen Alltag kann auch über gezielte Projekte und Angebote gemeinsam mit den Kindern berücksichtigt werden. Ein Beispiel ist das Angebot »Sprachenportraits«, welches von Gogolin und Neumann (1991) konzipiert und von Krumm (2001) weiterentwickelt wurde. Das Verfahren ist ursprünglich für den Einsatz in der Schule entwickelt worden, lässt sich jedoch auch gut mit Vorschulkindern umsetzen. Die Kinder erhalten ein Blatt Papier mit einer Körpersilhouette, alternativ kann auch selbst ein Körper gezeichnet werden. Ihre Aufgabe besteht dann darin, in den Körper hinein zu malen, welche Sprachen für sie eine Bedeutung haben, welche sie selbst sprechen/verstehen oder welche Sprachen für sie in ihrer Familie oder ihrem Umfeld eine Bedeutung besitzen. Die Silhouette soll nicht willkürlich ausgemalt werden, sondern die Kinder sollen sich überlegen, welche Farbe(n) sie für eine Sprache wählen und warum sie die Sprache in welches Körperteil malen. Warum wird eine Sprache zum Beispiel in den Kopf gemalt und die andere in die Beine? Eventuell ergibt es Sinn, wenn die pädagogische Fachkraft zunächst, zusammen mit den Kindern, ein eigenes Sprachenportrait für sich ausmalt und dazu erzählt – wobei hier auch die »Gefahr« besteht, dass die Kinder sich zu sehr von der Vorlage inspirieren lassen und ihr eigenes Sprachenporträt auf ähnliche Weise malen (Galling 2011, S. 3). Galling (2011, S. 5) schlägt vor, als Alternative mehrere schon vorliegende Portraits von Kindern zu zeigen und anhand derer die Aufgabe zu erklären.

Kinder, die schon schreiben können, können anschließend unter das Bild eine kleine Erklärung hinzuschreiben. Kita-Kinder können einfach zum Bild erzählen oder einer erwachsenen Person diktieren, was geschrieben werden soll. Die Anfertigung der Bilder stärkt die Entwicklung einer mehrsprachigen Identität und wertschätzt die Mehrsprachigkeit. Zudem ermöglicht sie einen ganzheitlichen Blick auf die für einen selbst bedeutsamen Sprachen – »die Farben bringen Emotion ins Spiel, die Silhouetten Körperlichkeit« (Krumm 2009, S. 236). Fertigt eine ganze Gruppe von Kindern die Sprachenportraits an, wird die – häufig nur zu Hause gelebte – Sprachenvielfalt bildlich sichtbar, regt zum gemeinsamen

Gespräch an, macht die Sprachenvielfalt der Gruppe zum »Schatz« (Galling 2011, S. 1) und verdeutlicht deren Normalität.

4.3.4 Sprachressourcen von mehrsprachigen Fachkräften und Kindern nutzen

Viele Fachkräfte haben mittlerweile ein hohes Bewusstsein dafür, wie wichtig es ist, die sprachliche Vielfalt in der Kita wertzuschätzen und die Kinder in ihrer eigenen Mehrsprachigkeit zu stärken. Die Kita ist vielfach kein »einsprachiger Raum« mehr, in dem vorrangig Deutsch gesprochen werden soll. Trotzdem wird immer wieder betont, welche Rolle die Kita und allen voran die pädagogischen Fachkräfte für den deutschen Spracherwerb spielen – besonders dann, wenn in der Familie kein Deutsch gesprochen wird (z. B. Autorengruppe Bildungsberichterstattung 2016, S. 166). Es ist nachvollziehbar, dass viele pädagogische Fachkräfte verunsichert sind, wenn viele Kinder derselben Herkunftssprache in einer Kita-Gruppe sind und sich dementsprechend viel in »ihrer« Sprache unterhalten. Die Sorge liegt nahe, dass die Kinder dann nicht ausreichend mit der deutschen Sprache in Kontakt kommen, um die Sprachkompetenz zu erlangen, die eine erfolgreiche Teilhabe am schulischen Bildungssystem ermöglicht. Ein scheinbar einfaches und leider häufig noch praktiziertes Mittel ist es, den Gebrauch der nicht-deutschen Sprachen im Kita-Alltag zu verbieten. Derartige Sprach-Verbote, häufig als »Silencing« bezeichnet (Panagiotopoulou 2016, S. 22), wirken sich aber in vielerlei Hinsicht hemmend auf die sprachliche und emotionale kindliche Entwicklung aus (Jahreiß 2018, S. 45). Der Erwerb einer Zweitsprache ist sehr eng an die Motivation des Kindes gebunden, diese Sprache zu lernen. Hat die Sprache für das Kind eine Bedeutsamkeit, wird es auch für das Kind bedeutsam, die Sprache zu lernen (Chilla 2020, S. 123). Wird das Sprechen in der Familiensprache verboten und zugleich das Sprechen auf Deutsch erzwungen, wird dem Kind vermittelt, dass die Familiensprache nicht wertgeschätzt wird. Es wichtig, dass die pädagogischen Fachkräfte stattdessen versuchen, die intrinsische Motivation des Kindes zu stärken, die Sprache zu sprechen, zum Beispiel indem sie pädagogische Angebote machen, die den Interessen des Kindes entsprechen oder sie die deutsche Sprache für bestimmte Rituale einsetzen (z. B. ein bestimmtes Lied zum Aufräumen). Kinder können für das Problem sensibilisiert werden, indem man ihnen erklärt, dass durch den Gebrauch von Sprachen, die andere Kinder nicht verstehen, Kinder ausgeschlossen werden könnten (Kolb & Fischer 2019, S. 41).

Durch den Einsatz von multilingualen Fachkräften bieten sich den Kindern schon früh viele Möglichkeiten, unterschiedliche Sprachen kennenzulernen. Sie erfahren durch die mehrsprachigen Vorbilder, wie die unterschiedlichen Sprachen je nach Situation eingesetzt werden können. Die Mehrsprachigkeit der erwachsenen Bezugspersonen ist für die Kinder sichtbar und wird als Normalität wahrgenommen (Halser & Filiz 2019, S. 126). Selbstverständlich ist es hier wichtig, dass die pädagogische Fachkraft stets sensibel auf die sprachlichen Ressourcen der Kinder eingeht, sodass jeweils alle Kinder in die Interaktion einbezogen werden. Auch wenn die Fachkräfte die Familiensprache der Kinder selbst nicht sprechen, können sie sich für die Familiensprachen der Kinder interessieren und einige Wörter und Ausdrücke (z. B. Begrüßung, bitte/danke) lernen, auch mit Hilfe der Kinder und Eltern. Das vermittelt Wertschätzung der Sprache und dem Kind gegenüber und verstärkt den Beziehungsaufbau – besonders dann, wenn das Kind neu in die Kita kommt und vielleicht selbst noch kein Deutsch spricht.

4.4 Zusammenarbeit mit Eltern

In der Bildungs- und Erziehungspartnerschaft mit Eltern spielt das Aufgreifen des familiären Sprachhintergrundes eine wichtige Rolle. Bereits im Aufnahmegespräch sollte erfragt werden, welche Sprache(n) in der Familie gesprochen werden. Dazu gehört auch die Frage danach, welche Sprache(n) das Kind aktiv selbst seit wann spricht und welche Präferenzen im Sprachgebrauch es hat. Wird Deutsch als zweite Sprache erworben, ist es auch sinnvoll, in Erfahrung zu bringen, ob es aus Sicht der Eltern Besonderheiten im Erwerb der Erstsprache gibt (z. B. eine verzögerte Sprachentwicklung oder Aussprachestörungen).

Im Folgenden wird der familiale Sprachgebrauch im Hinblick auf eine beratende Tätigkeit von Seiten der Kita thematisiert. Anschließend werden Empfehlungen zum Führen von Elterngesprächen mit mehrsprachigen Eltern ausgesprochen.

4.4.1 Familialer Sprachgebrauch

Eine bis Dato immer noch häufig gestellte Frage bezieht sich auf den familialen Sprachgebrauch: Welche Sprachen sollten mehrsprachige Eltern zu Hause sprechen, um die Kinder in ihrer (mehr-)sprachigen Bildung optimal zu unterstützen? Hier gibt es in der einschlägigen Fachliteratur aktuell zwei grundlegende Empfehlungen: Die *erste Empfehlung* lautet, dass Eltern mit den Kindern in der Sprache sprechen sollten, in denen sie sich »zu Hause fühlen«, was meist auf die elterlichen Erstsprachen zutrifft.

Die Eltern von Dilsa (4;3 Jahre alt) sind mit Kurdisch als Erstsprache aufgewachsen. Kurz vor Dilsas Geburt sind sie nach Deutschland gezogen und lernen seitdem Deutsch. Mit ihrer Tochter sprechen sie ausschließlich Kurdisch, ihre Familiensprache. Dilsa geht, seit sie 3 Jahre alt ist, in die Kita und lernt dort Deutsch.

Manche Kita-Fachkräfte fragen sich nun, warum die Eltern von Dilsa nicht Deutsch mit ihr sprechen, wenn sie es doch bereits seit ein paar Jahren selbst lernen? Hat sie es dann nicht später leichter, wenn sie so früh und so viel wie möglich mit Deutsch in Kontakt kommt? Die Empfehlung dazu scheint hier sehr naheliegend zu sein. Versetzt man sich allerdings in die Elternperspektive, verliert die scheinbar naheliegende Lösung schnell an lebenspraktischer und inhaltlicher Sinnhaftigkeit. Jede*r, die*der selbst einmal im Ausland war und dort versucht hat, mit eher geringen Sprachkenntnissen in der Landessprache zu kommunizieren, wird zustimmen, auf diese Weise nicht mit seinem Kind kommunizieren zu wollen. Würden Eltern mit ihren Kindern Deutsch sprechen, obwohl sie selbst diese Sprache nur bruchstückhaft beherrschen, wäre das laut Tracy »eine Verkennung dessen, was Kinder für den zügigen Erwerb des Deutschen und insbesondere für den Ausbau bildungssprachlicher Kompetenzen benötigen, nämlich kompetente Vorbilder für ihre jeweiligen Zielsprachen« (Tracy 2011, S. 79). Durch Sprache werden zudem nicht nur reine Sachinformationen ausgetauscht, sondern auch Kultur vermittelt. Der Erwerb der Herkunftssprache hat somit auch eine identitätsstiftende Funktion. Durch Sprache werden ebenso Emotionen ausgedrückt und sie ist ein Grundbaustein für die Eltern-Kind-Bindung.

Tatsächlich zeigen viele Forschungsergebnisse, dass ein früher und qualitativ hochwertiger Kontakt mit der deutschen Sprache den Spracherwerbsverlauf positiv beeinflusst. Dieser Kontakt muss aber nicht über die Familie bestehen, sondern kann auch über andere Bezugspersonen wie zum Beispiel die Fachkräfte der Kita erfolgen. Eltern mit nicht-deutscher Familiensprache wäre es deshalb zum Beispiel zu empfehlen, ihr Kind möglichst »früh und regelmäßig« (Tracy 2011, S. 80) eine Kindertagesstätte besuchen zu lassen oder alternativ zu anderen Gelegenheiten möglichst viel mit Deutsch in Kontakt zu bringen (z. B. über eine Spielgruppe). Im Gegenzug dazu lernen Kinder im Kindergartenalter die Zweitsprache Deutsch nicht besser, wenn die Eltern – obwohl sie eine andere Erstsprachen besitzen – mit den Kindern zu Hause auf Deutsch sprechen. Andersherum ist aber das Lernen der Herkunftssprache essenziell abhängig vom elterlichen Sprachverhalten in dieser Sprache (Klassert & Gagarina 2010, S. 422 f.)

Die *zweite Empfehlung* bezieht sich auf Eltern, die jeweils unterschiedliche Erstsprachen haben. Diesen Eltern wird oft empfohlen, nach dem bereits im vorherigen Kapitel benannten Prinzip »One Person – One Language« zuhause ausschließlich in ihrer jeweiligen Sprache zu sprechen, um dem Kind eine klare Orientierung zu bieten. In der praktischen Umsetzung ist dies aber häufig nicht ganz leicht umzusetzen, wie das folgende Beispiel zeigt:

> Adriaan spricht mit seinem Vater ausschließlich Niederländisch und mit seiner Mutter Deutsch, wenn er mit ihnen jeweils alleine ist. Die Familiensprache ist allerdings Niederländisch, sodass bei gemeinsamen Aktivitäten, am Esstisch etc. alle Familienmitglieder auf Niederländisch sprechen. Ist eine Freundin von Adriaan zu Besuch, die kein Niederländisch spricht, spricht auch der Vater Deutsch, damit sich alle gemeinsam verständigen können.

Das Beispiel zeigt, dass hier die Natürlichkeit und der Erfolg der Kommunikation im Vordergrund stehen – auch wenn sich das OPOL-Prinzip innerhalb der Familie theoretisch umsetzen ließe, da beide Elternteile die Sprache des jeweils anderen beherrschen. Schwierig bis unmöglich wird es aber, wenn beide Elternteile unterschiedliche Erstsprachen haben und z. B. ein Elternteil die Sprache des anderen nicht versteht und spricht. Auch hier lässt sich in gemeinsamen Kommunikationssituationen das Prinzip nicht durchhalten, sondern es sollte idealerweise in einer Sprache kommuniziert werden, die alle verstehen. Eine Alternative bietet hier das eingangs benannte Prinzip »eine Situation – eine Sprache«. So könnten die Elternteile ihre Sprache jeweils in den Situationen sprechen, in denen sie alleine Zeit mit ihrem Kind verbringen oder auch mit anderen Sprecher*innen derselben Sprache zusammen sind. So hält Panagiotopoulou fest: »Translanguaging ist auch im Kontext mehrsprachiger Familien der Normalfall, der normale Modus der Kommunikation« (Panagiotopoulou 2016, S. 16).

4.4.2 Elterngespräche führen

Gerade wenn beide Elternteile bzw. Bezugspersonen wenig oder kein Deutsch sprechen, werden Elterngespräche zu einer besonderen Herausforderung. Damit dies nicht zu Lasten der Qualität der Gespräche geht, gibt es verschiedene Möglichkeiten, die Verständigung zu unterstützen. Eine Möglichkeit ist der Einsatz von *Sprachmittler*innen/Dolmetscher*innen*, die dem Gespräch beiwohnen und zwischen Eltern und Fachkraft vermitteln und übersetzen. Viele Städte und Landkreise bieten besondere Angebote für Kitas und andere Bildungseinrichtungen, die teils kostenfrei oder auch kostenpflichtig sind. Eine erste Übersicht bietet das »Service Portal Integration«[11] der Stiftung Haus der kleinen Forscher. Zu bedenken ist grundsätzlich, dass die Gespräche rechtzeitig im Voraus festgelegt werden und für die jeweilige Sprache auch ein*e Sprachmittler*in zur Verfügung steht. In Großstädten ist dies häufig leichter zu realisieren als in ländlichen Gebieten. Eine gängige Praxis ist es, ältere Geschwisterkinder

---

11 https://integration.haus-der-kleinen-forscher.de/hintergrund/weiterfuehrende-links/dolmetscher-sprachmittlerangebote

die Gespräche dolmetschen zu lassen. Hier sollte aber sehr kritisch und sensibel geprüft werden, ob die Gesprächsinhalte dafür geeignet sind oder nur in eine Konversation zwischen Erwachsenen gehören. Häufig lässt sich dies im Vorhinein auch nur schwer einschätzen.

Eine weitere Möglichkeit der Verständigung bietet der Einsatz von *Übersetzungs-Apps*, die die Aufgabe der Sprachmittler*innen übernehmen. Vor dem Einsatz sollte aber die Einhaltung der datenschutzrechtlichen Bestimmungen geprüft werden. Eine analoge Alternative bietet der Einsatz von *bildgestützten Kommunikationshilfen* wie zum Beispiel das kostenlos erhältliche »Bildbuch: Kita-Alltag« (Bundesministerium für Familie, Senioren, Frauen und Jugend 2017). In dem Buch werden typische Situationen des Kita-Alltags (z. B. Eingewöhnung, Tagesablauf) dargestellt und es bietet so eine bildliche Unterstützung, um mit Eltern über alle alltagsrelevanten Themen wie Krankheiten, Kleidungsstücke, Termine etc. zu sprechen. Individuelle Einsatzmöglichkeiten bieten zum Beispiel auch die Metacom-Symbole (http://metacom-symbole.de/).

In der schriftlichen Kommunikation bietet sich der Einsatz von mehrsprachigen Elternbriefen an. So gibt es vom »Staatsinstitut für Frühpädagogik« in München[12] sowie vom »Landeskompetenzzentrum zur sprachlichen Bildung und Förderung an Kindertageseinrichtungen in Sachsen« (LakoS)[13] jeweils eine Vorlage für einen Elternbrief zum familialen Sprachgebrauch und zur Unterstützung des Spracherwerbs in der Familie, welcher in vielen verschiedenen Sprachen vorliegt. Dort werden u. a. auch besondere Phänomene des mehrsprachigen Spracherwerbs, wie zum Beispiel Sprachmischungen, aufgegriffen.

---

12 https://www.ifp.bayern.de/veroeffentlichungen/elternbriefe/
13 https://www.lakossachsen.de/lakos-materialien-1/elterninfoblatt-mehrsprachigkeit/deutsch/

4.5 Fazit

Das vorliegende Kapitel hat gezeigt, dass es viele verschiedene Möglichkeiten gibt, das Thema Mehrsprachigkeit in die unterschiedlichsten Bereiche des Kita-Alltags zu inkludieren. Je nach konzeptioneller Ausrichtung werden damit unterschiedliche Ziele verfolgt. In einer bilingualen Kita ist das Ziel meist, eine möglichst hohe Sprachkompetenz in beiden Sprachen zu erlangen. Hier muss aber darauf hingewiesen werden, dass selbst bei Kitas, die ein konzeptionell verankertes bilinguales Konzept haben und bilinguale Fachkräfte vorhalten, die konstant das OPOL-Prinzip in allen Situationen des pädagogischen Alltages leben, nicht erwartet werden darf, dass die Kinder zum Ende der Kita-Zeit in jedem Fall kompetente Sprecher*innen der jeweiligen Zweitsprache sind. Wohl aber kann man sehen, dass sie »an eine neue Sprache und Kultur herangeführt wurden und sich ihr Hörverstehen in der L2 [Zweitsprache] in beeindruckender Weise entwickelt hat« (Holtappels & Keul 2019, S. 102). Grundsätzlich konnte durch Studien gezeigt werden, dass durch das Prinzip der Immersion eine hohe Sprachkompetenz in den jeweiligen Sprachen erreicht werden kann (z. B. Steinlen & Piske 2014 für einen Überblick).

Ein wichtiges und zu erreichendes Ziel, das für *alle* Kitas gilt, ist es, allen Kindern die Wertschätzung und Akzeptanz sprachlicher Vielfalt und verschiedener Kulturen zu vermitteln. Damit geht einher, den mehrsprachigen Kindern erfahrbar zu machen, dass ihre Herkunftssprache(n) nicht nur für sie selbst und ihre Familien, sondern auch gesamtgesellschaftlich bedeutsam sind (Holtappels & Keul 2019, S. 101).

5 Bildungssprache im Übergang von der Kita in die Schule

Der Begriff der Bildungssprache wird im schulischen Kontext heute vermehrt verwendet, um ein sprachliches Handeln zu beschreiben, das zwischen Alltagssprache und Fachsprache zu verorten ist. Kinder wechseln von ihrem alltagssprachlichen Sprachmodus in einen bildungssprachlichen Modus, wenn der Gesprächsinhalt oder die Situation dies erfordert. So kann zum Beispiel die Beschreibung eines Versuchsaufbaus oder einer Naturbeobachtung Kindern bildungssprachliche Fähigkeiten abverlangen. In den letzten Jahren wurden vor allem Angebote im naturwissenschaftlichen Bereich als bildungssprachförderlich beschrieben (u. a. Sterner, Skolaude, Ruberg & Rothweiler 2014). Seit einigen Jahren findet auch für andere Bildungsbereiche wie zum Bespiel im Kontext des Erzählens (▶ Kap. 11) oder des Philosophierens mit Kindern (▶ Kap. 13) eine Reflexion hinsichtlich der bildungssprachförderlichen Potenziale statt. Nach Steinbrenner wird das Potenzial des Umgangs mit Literatur insgesamt allerdings noch zu wenig in seiner Bedeutung für die Entwicklung bildungssprachlicher Fähigkeiten reflektiert (Steinbrenner 2018).

In der Kinderliteratur findet man oftmals die integrierte wörtliche Rede, bei der es sich durch den Einschub und den Wechsel der grammatischen Struktur, um eine sehr komplexe bildungssprachliche Form handelt. Ein Beispiel: Peter ging durch den Wald und als er Rotkäppchen begegnete, fragte er es: »Hast du den Wolf gesehen«? Die wörtliche Rede verlangt den Kindern bereits in der Rezeption, d. h. im Verstehen, bildungssprachliche Fähigkeiten ab. Eine besondere Bedeutung hat nach Steinbrenner der Umgang mit ungewissen Themen, die Kindern hypothetisches Denken und Sprechen abverlangen. So werden Kindern im Sprechen in Möglichkeiten besonders komplexe Sprach- und Denkfähigkeiten auch im Sinne von bildungssprachlichen Fähigkeiten (Verwendung des Konjunktivs, von komplexen Satzverbindungen beim Argumentieren) abgefordert, wie bereits im Rahmen des Philosophierens mit Kindern sichtbar gemacht werden konnte (Alt 2019; Alt & Michalik 2022). Ein besonderes Potenzial für die Förderung bildungssprachlicher Fähigkeiten bietet das Philosophieren mit Kindern zu Bilderbüchern, welches die beiden Aspekte des literarischen Lernens und des Umgangs mit ungewissen Themengebieten didaktisch kombiniert.

In Kindertagesstätten findet der Begriff der Bildungssprache bislang noch keine große Beachtung, obwohl auch dort bereits sprachliche Herausforderungen für Kinder mit Deutsch als Zweitsprache oder fehlenden bildungssprachlichen Interaktionen im Elternhaus im Alltag eine große Rolle spielen. Die Grundsteine für einen bildungssprachlichen Ausdruck wie zum Beispiel die Fähigkeit, etwas zu erläutern oder zu argumentieren, werden bereits in der frühen Kindheit gelegt. Haben Kinder schon in der Kita die Möglichkeit, sich diese anzueignen, so kann dies den Übergang in die Schule erleichtern, wenn sie sich zum Beispiel bereits bestimmte Redewendungen oder sprachliche Handlungsregister angeeignet haben:

- Wie frage ich nach etwas?
- Wie formuliert man eine wörtliche Rede?
- Was ist der Unterschied zwischen einer persönlichen und einer unpersönlichen Satzkonstruktion?

Dabei ist im vorschulischen Alter noch nicht Ziel, dass Kinder sich explizit grammatische Strukturen aneignen und diese auch entsprechend benennen können. Ziel ist es vielmehr, dass sie sich verschiedene Sprachregister aneignen, die sie für ihre Erzählungen und Berichte sowie das Verbalisieren ihrer Wünsche und Vorstellungen im Alltag brauchen. Damit das gelingt, brauchen sie einen hochwertigen Bildungs- und Sprachinput, der zwar nicht nur, aber eben auch maßgeblich durch pädagogische Fachkräfte gestaltet wird.

5.1 Entstehungsgeschichte des Begriffs *Bildungssprache*

Die Entwicklung des Begriffs der Bildungssprache hat ihren Ausgangspunkt bereits im 18. Jahrhundert genommen, wie Sarah Fornol in ihrer Dissertation (2020) beschreibt. So wurde der Begriff der »Büchersprache« von Mendelssohn, der »Hochsprache« von Scheler zuvor bereits verwendet, um einen Sprachstil zu beschreiben, bei dem es sich in Abgrenzung zur Alltagssprache um einen zunächst der höheren Schicht vorbehaltenen Sprachgebrauch handelte. Durch die Einführung des Begriffs der »Bildungssprache« durch Ickler, Pörcksen und Habermas wurde dann der Nutzen für die breite Bevölkerung im Sinne eines »Erkenntnisinstruments« kenntlich gemacht (Fornol 2020, S. 18).

Im angloamerikanischen Raum setzte sich in den 1970er Jahren Cummins mit der Frage auseinander, welche sprachlichen Fähigkeiten sich Kinder für die Erschließung von schulischem Wissen aneignen müssen. Dafür entwickelte er zwei Begriffe: die *Basic Interpersonal Communicative Skills* (BICS) und die *Cognitive Academic Language Proficiency* (CALP) (Cummins 2000, S. 68). Er unterscheidet kognitiv weniger anspruchsvolle Gespräche von kognitiv anspruchsvolleren Gesprächen. Ein Beispiel für ein kognitiv weniger anspruchsvolles Gespräch könnte dabei ein Gespräch unter Freund*innen oder in der Familie über sogenannte Routinehandlungen im Alltag sein:

> Pädagogische Fachkraft: »Kannst Du mir bitte die Marmelade geben?«
> Kind: »Ja, kann ich.«
> Pädagogische Fachkraft »Danke. Die schmeckt mir gut.«
> Kind: »Mir auch.«

Es handelt sich dabei um grammatikalisch eher einfache Äußerungen, die auch von der Satzlänge selbst her schon kurz sind. Die zentrale Funktion ist neben der Kommunikation hier vor allem die Informationsvermittlung. Komplexere sprachliche Äußerungen braucht es, wenn man zum Beispiel einen eigenen Standpunkt in einer Diskussion darlegen möchte:

Pädagogische Fachkraft: »Warum bist du vorhin so sauer geworden?«
Kind: »Ich bin sauer geworden, weil ich nicht mitspielen durfte. Ich hätte so gerne mitgespielt, weil ich Ayla und Paul so gerne mag.«

Halliday (1978) untersuchte, inwiefern der Kontext den Sprachgebrauch beeinflusst, und führte dafür den Begriff »Registersprache« ein. Im deutschsprachigen Raum stieß Habermas die Diskussion um sprachliche Register in den späten 1970er Jahren an. Er differenzierte zwischen der Umgangssprache, Fachsprache, Bildungssprache wie auch der Wissenschaftssprache (Habermas 1978). Unter Bildungssprache verstand er eine Sprache der Öffentlichkeit, die sich von der Umgangssprache durch »die Disziplin des schriftlichen Ausdrucks unterscheidet« (ebd., S. 330). Diese ist zwar gekennzeichnet durch einen differenzierten und »Fachliches einbeziehenden Wortschatz«, ermöglicht aber auch Menschen mit entsprechender Allgemeinbildung ohne direktes fachliches Wissen ein Verstehen (ebd., S. 330). Die Grenzen zwischen diesen verschiedenen Sprachregistern sind allerdings fließend. Im tatsächlichen Sprachgebrauch finden sich viele Mischformen. Deshalb beschreiben Berendes und andere *Bildungs- und Alltagssprache* als Endpunkte eines Kontinuums (Berendes et al. 2013, S. 24).

5.2 Gebrauch des Begriffs heute

Anders als in der englischsprachigen Literatur (language of schooling; school-based language) (Schleppegrell 2001, 2004) unterscheidet Feilke (2013) in deutschen Veröffentlichungen zwischen dem bildungssprachlichen und schulsprachlichen Register. Für die schulsprachliche Kommunikation gelte es, Sachverhalte prägnant und ohne große Umschweife auf den Punkt zu bringen. In der Abfrage von Wissen werden hier eher kurze Antworten erwartet. Die bildungssprachliche Kommunikation hingegen ist nach ihm durch eine hohe Komplexität gekennzeichnet, da hier eher argumentierend und diskursorientiert sprachlich gehandelt wird.

Für die Aneignung von Bildungssprache spielt neben der »hochwertigen Sachbegegnung« und den individuellen Voraussetzungen des Kindes in Bezug auf Sprache, Kognition und Entwicklungsstand die sprachliche Anregungsqualität der pädagogischen Bezugspersonen eine wesentliche Rolle (Wildemann et al. 2016, S. 66 ff.). Für die Kindertagesstätten gilt dies ebenso, der sprachliche Input der Fachkräfte selbst und ihr Interaktionsverhalten haben einen maßgeblichen Einfluss auf das Sprachhandeln der Kinder. Fachkräfte können den bildungssprachlichen Sprachgebrauch unterstützen, wenn sie ihr Kommunikationsverhalten und insbesondere ihren Fragestil daraufhin prüfen, ob diese auch lange Antworten bei den Kindern provozieren (mehr zur praktischen Umsetzung in ▶ Kap. 8). Zusammenfassend kann gesagt werden, dass Bildungssprache als ein Konstrukt zu verstehen ist, das sowohl entwicklungs-, kontext- als auch inputabhängig ist (Tietze, Rank & Wildemann 2016, S. 6).

5.3 Bildungssprachliche Merkmale

In neueren deutschsprachigen Untersuchungen wie der von Hövelbrinks (2014) konnte nachgewiesen werden, dass Kinder bereits im ersten Schuljahr über eine große Bandbreite verschiedener lexikalischer und morphosyntaktischer bildungssprachlicher Mittel (siehe Auflistung weiter unten) verfügen. Auch bereits bei Kindern im Elementaralter sind komplexe Sprachhandlungen und die mit ihnen einhergehenden bildungssprachlichen Merkmale zu finden (Fornol et al. 2015; Tietze, Rank & Wildemann 2016).

Bildungssprachliche Fähigkeiten wurden bislang vor allem im Bereich der Lexik und Grammatik beschrieben. Schleppegrell beschreibt lexikalische und grammatikalische Mittel (Satzgefüge mit Konnektoren, lange Nominalphrasen, komplexe Fachbegriffe) als Werkzeuge zum Denken (Schleppegrell 2001, S. 438). Diese stellen eine Ressource der Meinungsäußerung und des Argumentierens dar (Schleppegrell 2004, S. 45). Zunehmend wird heute die Situation selbst, in der die Sprache als Handlung umgesetzt wird, als entscheidender Faktor für den Gebrauch bildungssprachlicher Merkmale umschrieben (Sprachgebrauch in Abhängigkeit von der Situation, auch Pragmatik). Es kann zum vereinfachten Verständnis von zwei verschiedenen Ebenen gesprochen werden, einer Makroebene, die die Verwendung von Sprache als Handlung beschreibt (z. B. beschreibe ich etwas, analysiere ich etwas oder spekuliere ich) und einer Mikroebene, die die notwendigen lexikalischen und grammatischen Mittel beschreibt, um die jeweilige Sprachhandlung gut ausführen zu können. So ist zum Beispiel das Erklären selbst eine Sprachhandlung (Makroebene) und auf der Mikroebene braucht diese einen Hauptsatz und einen Nebensatz, eingeleitet durch Konnektoren.

Einen Überblick über die verschiedenen Merkmale von Bildungssprache auf der Mikroebene findet man zum Beispiel bei Gogolin und Lange (2011) oder Stahns (2016), während man den Bezug zu den jeweiligen Sprachhandlungen gut beschrieben und evaluiert in der RaBi-Skala (Tietze, Rank & Wildemann 2016) findet. Diese wird im folgenden Abschnitt vorgestellt.

Bildungssprachliche Merkmale zeigen sich auf lexikalischer und semantischer Ebene.

Merkmale auf lexikalischer Ebene:

- abstrahierende Begriffe, spezifisches bildungssprachliches Vokabular (z. B. Freiheit)
- nominale Zusammensetzungen (z. B. der Teppichboden, das Bücherregal)
- unpersönliche Ausdrücke (z. B. Nichts kann uns trennen.)
- Verwendung von Operatoren (z. B. begründen, erklären, berichten, …)

Merkmale auf grammatischer Ebene:

- komplexe Satzgefüge (z. B. Nachdem du deinen Teller weggebracht hast, gehst du in die Garderobe, um da deine Hausschuhe anzuziehen.)
- Passivformen (z. B. Der Kuchen ist gegessen worden.)
- Konjunktivformen (z. B. Wenn es heute geregnet hätte, wäre die Regentonne voller.)

Für Kinder bis in das späte Elementaralter hinein gilt die Formulierung im Passiv als eine komplexere Form, deren Erwerb unter Umständen aktiver Unterstützung bedarf. Im literarischen Kontext und im Umgang mit philosophischen Themen spielen komplexe Sprachhandlungen wie das Argumentieren und das Vermuten eine wichtige Rolle, denn hier bedarf es grammatikalisch komplexer Satzstrukturen sowie hochentwickelter Verbformen (Konjunktiv) und Konnektoren (Satzverbindungen), um Zusammenhänge sinnvoll versprachlichen zu können. So sollte in der Praxis der Sprachstand der Kinder hinsichtlich ihrer bildungssprachlichen Strukturen erfasst und reflektiert werden, um einschätzen zu können, welche didaktischen Umsetzungsmöglichkeiten sich zur Förderung anbieten. Ausgangspunkt kann dafür die Rabi-Skala bieten (weitere Möglichkeiten in ▶ Kap. 6).

5.4 Beobachtungsinstrument für bildungssprachliche Fähigkeiten: Die RaBi-Skala

Tietze, Rank und Wildemann haben zwischen 2013 und 2016 die Rating Skala (RaBi) zur Erfassung bildungssprachlicher Kompetenzen von Vorschulkindern entwickelt. Diese umfasst 13 Items auf verschiedenen sprachlichen Ebenen. Die Autorinnen gehen von der Annahme aus, »dass bildungssprachliche Mittel in Abhängigkeit zur jeweiligen Diskursfunktion realisiert werden« (Tietze, Rank & Wildemann 2016, S. 10). Die RaBi-Skala differenziert sechs verschiedene Sprachhandlungen, darunter fallen das *Beschreiben* und *Feststellen*, das *Nachfragen*, *Widersprechen* und *Vorschlagen* als einfache Sprachhandlungen, die von den Kindern bereits früh umgesetzt werden können. Außerdem umfasst die RaBi-Skala zwei weitere Sprachhandlungen, die in sich komplexer sind: das *Erklären* und *Begründen* sowie das *Vermuten*. Auf der Mikroebene werden sprachliche Äußerungen der Kinder differenziert im Bereich der Lexik und der morphologisch-syntaktischen Dimension. Diese decken sich weitgehend mit den von Stahns vorgeschlagenen Merkmalen, ergänzt noch durch die Einschätzung der Komplexität der verwendeten Adjektive. Anhand von definierten Niveaustufen und dazu gehörenden Ankerbeispielen lassen sich kindliche Äußerungen hinsichtlich ihres bildungssprachlichen Gehalts so einstufen und analysieren. Der Einsatz des Instruments kann erfolgen, um den Sprachstand eines Kindes festzustellen. Der Umgang mit dem Instrument sensibilisiert aber Fachkräfte auch im Allgemeinen für die Verwendung bildungssprachlicher Mittel und ist insofern empfehlenswert.

5.5 Förderung bildungssprachlicher Strukturen in der Kita

Die Förderung bildungssprachlicher Strukturen kann in verschiedensten Situationen und Angeboten erfolgen, so eignen sich naturwissenschaftliche Experimente oder ein Arbeiten nach dem Ansatz des forschenden Lernens, um mit den Kindern das genaue Beobachten und Formulieren von Erklärungen und Vermutungen in Bezug auf verschiedene Phänomene zu üben. Der naturwissenschaftliche Fortbildungsstand der Fachkräfte spielt dabei eine Rolle für die Qualität der Sprachanregung, wie Rank, Wildemann, Hartinger und Tietze (2018, S. 187) feststellen. So ist es nach den Autor*innen ein vielversprechender Ansatz für die Förderung der bildungssprachlichen Fähigkeiten, Sache und Sprache miteinander zu koppeln (ebd.). Auch in Verbindung mit anderen Angeboten wie dem Dialogischen Lesen, dem Erzählen zu Bilderbüchern oder in philosophischen Dialogen mit Kindern lassen sich bildungssprachliche Kompetenzen fördern. Zentral sind dabei stets der Aufforderungscharakter des Bildungsangebots selbst sowie auch das Interaktionsverhalten der Fachkräfte. Besonders sprachförderlich sind Fragen der Fachkräfte, die neben einer Beschreibung auch auf Erklärungen und ein Argumentieren der Kinder abzielen:

- Wieso passiert das …?
- Kannst Du Dir vorstellen, was passieren wird?
- Kannst Du mir einen Grund dafür nennen, dass …?
- Wie könnte das in der Zukunft aussehen?
- Was wäre, wenn …? (Gedankenexperimente)

Auch Satzanfänge, die den Kindern durch die Fachkraft aktiv angeboten werden, können Kindern helfen, eine eigene Formulierung zu entwickeln:

- Ich kann beobachten …
- Ich denke, dass …
- Ich vermute, …

Neben naturwissenschaftlichen Angeboten sind auch literarische Angebote (Mehrsinngeschichten, Kamishibai-Vorführungen, Erzählschiene) zur Herausforderung von kleinen Erzählungen geeignet. Wenn auf Kohärenz der Erzählung geachtet wird, fordert diese den Kindern ebenfalls Erklärungen und Vermutungen ab und unterstützt damit den Gebrauch bildungssprachlicher Strukturen. Die monologische Äußerung ist von ihrer Struktur her der Schriftsprache nah und somit oft sehr elaboriert im Ausdruck und in grammatischer Struktur.

Als dritter gut geeigneter Bildungskontext ist das Philosophieren mit Kindern zu nennen, auch hier werden Kinder immer wieder angeleitet, ihre Meinungen zu äußern, diese zu begründen und Vermutungen anzustellen (Alt 2019). Aus Perspektive der Sprachbildung weniger gut geeignet sind Situationen, in denen sehr einfache sich wiederholende Tätigkeiten ausgeführt werden (Mandalas ausmalen, Schablonenarbeiten, Bügelperlen). Hier beschränken sich die Gespräche oft auf die Konzentration auf knappe Sätze, die lexikalisch wie morpho-syntaktisch eine eher geringe Komplexität aufweisen, wie zum Beispiel: *Gibst Du mir mal die Schere? Wo sind blaue Perlen?* Auch Bewegungsangebote, die ein hohes Maß an schnellen Bewegungen erfordern, sind weniger geeignet für die Initiierung komplexer Gespräche.

Am Ende sind es drei Faktoren, die die Qualität des bildungssprachlichen Angebots in der Kita beeinflussen:

- der (bildungs-)sprachförderliche Gehalt des pädagogischen Angebots selbst,
- die Gesprächsimpulse und Fragen, die von den Fachkräften formuliert werden,
- der Sprachstand der Kinder (verfügen die Kinder bereits über einen ausreichenden Wortschatz und grammatische Strukturen, um zum Beispiel eine Erklärung formulieren zu können).

6 Sprachdiagnostik

Die Beobachtung und Dokumentation von Entwicklungs- und Bildungsprozessen gehört zum festen Aufgabenrepertoire pädagogischer Fachkräfte in der Kita. Auch im Bereich der sprachlichen Bildung etablieren sich immer mehr Verfahren der Sprachdiagnostik[14], welche im pädagogischen Alltag eingesetzt werden und den kindlichen Spracherwerb spezifisch und umfassend begleiten sollen. Die Sprachdiagnostik kann dabei mit unterschiedlichen Zielen verbunden sein (Lengyel 2012, S. 11). Das für die pädagogische Praxis wohl wichtigste Ziel ist es, den individuellen Spracherwerbverlauf jedes Kindes zu beobachten und zu begleiten, um jedem Kind die sprachliche Anregung zu bieten, die es in seinem Sprachbildungsprozess unterstützt. Damit verbunden soll auftretenden Schwierigkeiten beim Spracherwerb möglichst vor Schulbeginn bereits durch eine differenzierte Förderung begegnet werden. Schließlich können durch eine gezielte Sprachbeobachtung auch Hinweise dazu erlangt werden, ob bestimmte sprachliche Auffälligkeiten eine professionelle sprachtherapeutische Abklärung erforderlich machen. Wichtig zu beachten ist hierbei, dass in der Kita von Seiten der pädagogischen Fachkräfte keinerlei Diagnose von Sprachstörungen erfolgen kann. Dies liegt immer im Zuständigkeitsbereich von dafür ausgebildeten Fachkräften (z. B. Logopäd*innen, akademischen Sprachtherapeut*innen oder Phoniater*innen). Trotzdem kommt den Kita-Pädagog*innen eine wichtige Vermittlungsfunktion zu und sie sind neben der Kinderarztpraxis für Eltern häufig die ersten An-

---

14 Der Begriff der Diagnostik wird hier nicht in einem medizinischen Sinne verstanden, sondern umfasst als Oberbegriff alle pädagogischen Methoden, die sich mit der Erfassung des kindlichen Sprachentwicklungsstandes befassen (z. B. Kany & Schöler 2010; Ruberg & Rothweiler 2012).

sprechpartner*innen, wenn sie Auffälligkeiten im Spracherwerbsprozess ihres Kindes vermuten. Sprachdiagnostische Verfahren werden außerdem auch in der Wissenschaft eingesetzt, um den Erfolg einer Sprachfördermaßnahme zu evaluieren. Da dies dann jedoch im Kontext von Forschungsprojekten geschieht und nicht Teil des pädagogischen Alltags ist, wird dieser Bereich hier nicht weiter erläutert.

Für den Einsatz in der Kita stehen viele verschiedene Verfahren zur Verfügung, wobei sich die Verfahren sehr stark unterscheiden, zum Beispiel hinsichtlich des Ziels, der Zielgruppe, der inhaltlichen Schwerpunkte, der theoretischen Grundlagen, des Grads der Standardisierung (z. B. Lemmer, Voet Cornelli & Schulz 2021, S. 205) sowie der Voraussetzungen für die Durchführung von Seiten der pädagogischen Fachkräfte. Auch unterscheiden sich die Verfahren teilweise stark hinsichtlich ihrer Qualität und Wirksamkeit. Laut Expertise des Mercator Instituts für Sprachförderung und Deutsch als Zweitsprache (Neugebauer & Becker-Mrotzek 2013, S. 10) sollten Sprachstandserhebungsverfahren zusammengefasst die folgenden Qualitätsmerkmale aufweisen. Sie sollen

- den Sprachentwicklungsstand hinsichtlich der verschiedenen sprachstrukturellen Bereiche (z. B. Grammatik, Wortschatz) und im Kontext der (mehrsprachigen) Sprachbiografie ermitteln,
- wissenschaftliche Gütekriterien (Objektivität, Reliabilität, Validität) berücksichtigen,
- handhabbar in der pädagogischen Praxis sein.

Darüber hinaus sollen die pädagogischen Fachkräfte für den Einsatz von sprachdiagnostischen Verfahren qualifiziert sein.

Grundsätzlich lassen sich die Verfahren zur Sprachdiagnostik in verschiedene Typen unterscheiden. Im Kita-Alltag kommen am häufigsten *Beobachtungsverfahren* (z. B. BaSiK, ▶ Kap. 6.2.2) zum Einsatz. In Alltagssituationen (z. B. beim Mittagessen, im Morgenkreis) oder auch in gezielt herbeigeführten Situationen wird das sprachliche Handeln des Kindes aus der Perspektive der pädagogischen Fachkraft beobachtet und systematisch auf Basis von festgelegten Kriterien dokumentiert, ausgewertet und interpretiert.

Seltener kommen *Sprachtests* zum Einsatz, in denen gezielt Situationen bzw. Aufgaben hergestellt werden. So bekommt das Kind beispielsweise die Aufgabe, eine Geschichte zu einem Bild erzählen oder ein gehörtes Wort auf einem Bild zeigen. Ein Beispiel ist die »Linguistische Sprachstandserhebung – Deutsch als Zweitsprache« (LiSe-DaZ) (Schulz & Tracy 2011). Die Durchführung und Auswertung von Sprachtests ist immer standardisiert, das heißt z. B., dass jedes Kind dieselbe »Aufgabe« bekommt und häufig auch konkret vorgegeben wird, was die testende Person zu sagen hat. Zudem ist die Auswertung genau festgelegt. Damit soll sichergestellt werden, dass der Test nicht durch die subjektive Wahrnehmung und Eigenschaften der testenden Person beeinflusst wird. Die Testdurchführung erfolgt in der Regel außerhalb des Gruppengeschehens, aber trotzdem meist auf spielerische Art und Weise. Tests müssen in ihrer Konstruktion zudem wissenschaftlichen Gütekriterien genügen. Dazu gehört auch, dass der Test vorab an einer großen Gruppe an Kindern überprüft wird. Die Ergebnisse dieser Vortests dienen dann später als Vergleichsgruppe, um die Ergebnisse des zu testenden Kindes einschätzen zu können (Normierung).

Das Ziel des Einsatzes von Sprachtests ist es, möglichst objektive Ergebnisse zum Spracherwerbsstand zu erhalten und die Ergebnisse des getesteten Kinds mit einer Vergleichsnorm in Beziehung zu setzen. Die Ergebnisse von Beobachtungsverfahren hingegen haben eine stärker subjektive Komponente, was bei der Interpretation der Ergebnisse unbedingt zu berücksichtigen ist. Trotzdem erheben Beobachtungsverfahren den Anspruch, möglichst zuverlässige Ergebnisse zu liefern und dass die Beobachtungen und deren Schlussfolgerungen intersubjektiv, also z. B. zwischen verschiedenen pädagogischen Fachkräften, nachvollziehbar sind (Lengyel 2012, S. 19). Der Einsatz von Sprachbeobachtungsverfahren lässt sich im Gegensatz zum Einsatz von Sprachtests leichter in den Alltag integrieren und erfolgt meist über einen Zeitraum von mehreren Wochen. Ein Sprachtest wird in der Regel nur zu einem bestimmten Zeitpunkt außerhalb des Alltagsgeschehens durchgeführt. Daneben können auch *profilanalytische Verfahren* zum Einsatz kommen, deren wohl bekanntestes Instrument für den Einsatz in Kita und Vorschule das »Hamburger Verfahren zur Analyse des Sprachstands bei 5-jährigen Kindern« (Reich & Roth 2004) ist. Die Besonderheit bei dieser Art von Verfahren ist es, dass die

Kinder spontan zu einem Bildimpuls (z.B. einer Bildergeschichte) erzählen, was per Audio-Aufnahme festgehalten und anschließend auf Basis bestimmter Kriterien ausgewertet wird. So ergeben sich ein differenzierter Einblick in den individuellen Spracherwerbsstand sowie konkrete Hinweise für Fördermöglichkeiten. Aufgrund des Aufwands und der Komplexität des Verfahrens eignet sich dies aber nicht für den standardmäßigen Einsatz für alle Kinder im Kita-Alltag, sondern eher für eine gezielte einzelfallbezogene Verwendung.

Als Unterform des Tests bietet ein *Sprachscreening* eine schnelle Möglichkeit, viele Kinder anhand von standardisierten Aufgaben bezüglich ihres Spracherwerbsstandes zu überprüfen. Diese Verfahren erfordern einen geringen Zeitaufwand und sind so konzipiert, dass in kurzer Zeit eine große Gruppe an Kindern untersucht werden kann. Das Ziel ist es nicht, ausführliche individuelle Spracherwerbsprofile zu erstellen, sondern es geht vielmehr darum, anhand von bestimmten festgelegten Kriterien diejenigen Kinder herauszufiltern, die einen Sprachförderbedarf haben und/oder ein Risiko für eine Sprachentwicklungsstörung besitzen. Es geht also hier um eine Auswahlentscheidung. Screeningverfahren werden daher häufig im Rahmen der vorschulischen Sprachstandserhebung angewandt, damit diese Kinder noch vor Schuleintritt eine individuelle Förderung erhalten können. Es werden im Rahmen dieser Erhebungen jedoch auch Beobachtungs- und Testverfahren eingesetzt. In den letzten Jahren haben fast alle Bundesländer eine vorschulische Sprachstandserhebung etabliert, was im Folgenden genauer skizziert wird. Im Anschluss daran werden Verfahren für die Verwendung im Alltag der Kita vorgestellt und diskutiert.

6.1 Vorschulische Sprachstanderhebungsverfahren

In fast allen deutschen Bundesländern werden vor Schulbeginn für Kinder im Alter von 4 bis 5 Jahren Sprachstandserhebungsverfahren eingesetzt, um schon früh kindliche Sprachförderbedarfe entdecken zu können und dementsprechend individuelle Unterstützungsmöglichkeiten zu schaffen. Hier geht es zunächst nur darum, im Sinne eines Screenings den Sprachstand möglichst vieler Kinder vor Schuleintritt zu erfassen. Dabei hat aber jedes Bundesland ein eigenes Vorgehen. Nach Stand des Bildungsberichts von 2020 (Autorengruppe Bildungsberichterstattung 2020, S. 98 f.) wird in sieben Bundesländern die Erhebung landesweit zu einem bestimmten Zeitpunkt durchgeführt (z. B. in Hamburg, Brandenburg und Baden-Württemberg). In weiteren sieben Bundesländern wird nur der Sprachstand bestimmter Gruppen landesweit zu einem bestimmten Zeitpunkt erhoben. Dies betrifft zum Beispiel Kinder mit nicht deutschsprachiger Herkunft (z. B. Bayern) oder Kinder, die keine Kita besuchen (z. B. Rheinland-Pfalz). Einzig in Thüringen und Sachsen-Anhalt wird keine landesweite Sprachstandserhebung durchgeführt. Zusätzlich werden je nach Bundesland unterschiedliche Verfahren eingesetzt, wodurch eine Vergleichbarkeit der Ergebnisse kaum möglich ist. Viele Bundesländer nutzen spezielle Screeningverfahren (z. B. in Baden-Württemberg das Heidelberger Auditive Screening in der Einschulungsuntersuchung; Schöler & Brunner 2008), während andere Bundesländer Beobachtungsverfahren (z. B. *Sismik* und *Seldak* in Schleswig-Holstein) oder Testverfahren (z. B. den *PRIMO-Sprachtest*[15] in Bremen) einsetzen.

In manchen Bundesländern, so zum Beispiel in Niedersachsen, erfolgt die Sprachstandserhebung fast ausschließlich im Rahmen des Kita-Besuches. Hierzu werden meist Beobachtungsverfahren eingesetzt. Aber auch in Bundesländern mit einer landesweiten Sprachstandserhebung werden zusätzlich in der Regel Beobachtungsverfahren eingesetzt, da die landesweit eingesetzten Verfahren wie oben genannt nur den Zweck eines

---

15 https://www.bildung.bremen.de/primo-sprachtest-305981

Screenings haben, während die Sprachbeobachtung in der Kita selbst eine individuelle Sensibilisierung für den kindlichen Spracherwerb und konkrete Anknüpfungspunkte für eine Förderung ermöglicht.

6.2 Beobachtung und Dokumentation sprachlicher Bildungsprozesse im Kita-Alltag

Sprachdiagnostische Verfahren werden aber nicht nur im Rahmen der vorschulischen Sprachstandserhebungen eingesetzt, sondern kommen wie eingangs beschrieben auch im Rahmen des Kita-Alltags über die gesamte Altersspanne der Kinder hinweg zum Einsatz. Meist werden dafür Beobachtungsverfahren eingesetzt, da sich diese besonders gut in verschiedene Alltagssituationen integrieren lassen. Im Folgenden werden einige der Verfahren beschrieben und diskutiert, die sehr häufig in der Kita eingesetzt werden.

6.2.1 Sismik, Seldak und Liseb

Grundlagen

Die Beobachtungsbögen Sismik (Ulich & Mayr 2003), Seldak (Ulich & Mayr 2006) und Liseb (Mayr, Kieferle & Schauland 2014) wurden alle drei am Staatsinstitut für Frühpädagogik in München entwickelt. Sie dienen dazu, die Sprachentwicklung und Literacy-Erfahrungen des Kindes systematisch zu begleiten, Impulse für eine individuelle sprachliche Bildung zu liefern und für Auffälligkeiten im Spracherwerb zu sensibilisieren. Wichtig ist, dass die Bögen nicht dazu geeignet sind, Sprachstörungen zu diagnostizieren. Je nach Alter bzw. sprachlichem Hintergrund des Kindes wird einer der drei Bögen eingesetzt, wie die folgende Übersicht zeigt:

Tab. 6.1: Überblick der Beobachtungsverfahren Sismik, Seldak und Liseb

Name des Bogens	Erscheinungsdatum	Alter der Kinder	Sprachhintergrund der Kinder
Sismik	2003	von ca. 3;5 Jahren bis zum Schuleintritt	Mehrsprachige Kinder, in deren Familien neben Deutsch noch eine oder zwei weitere Sprachen gesprochen werden
Seldak	2006	von ca. 4 Jahren bis zum Schuleintritt	Kinder, die mit Deutsch als Erstsprache aufwachsen
Liseb	2014	vom 2. bis zum Ende des 4. Lebensjahres	Kinder, die einsprachig Deutsch oder mehrsprachig aufwachsen

Auch wenn die Wahl zwischen Sismik und Seldak zunächst klar definiert zu sein scheint, gibt es doch Grenzfälle, die es erschweren, zu wissen, welcher der beiden Bögen eingesetzt werden kann. So zum Beispiel, wenn in einer Familie die Familiensprache Deutsch ist, aber ein Elternteil vorwiegend eine andere Sprache spricht – zum Beispiel spricht die Mutter Deutsch und die Familiensprache ist Deutsch, aber der Vater spricht mit dem Kind ausschließlich Türkisch. In diesem Fall könnten streng genommen beide Bögen laut Zielgruppenbeschreibung eingesetzt werden. Es wird empfohlen, den Bogen Seldak anzuwenden, wenn die pädagogische Fachkraft in Bezug auf die deutsche Sprache »das Gefühl hat, das Kind spricht wie eine ›Muttersprachlerin‹« (Ulich & Mayr 2006, S. 4) – ansonsten sollte eher der Bogen Sismik zum Einsatz kommen.

Aufbau und Durchführung

Die Beobachtungsbögen Sismik, Seldak und Liseb sind in verschiedene Teile gegliedert, die schwerpunktmäßig das Sprachverhalten in bestimmten Situationen (z. B. in Essenssituationen, im Rollenspiel) sowie die sprachliche Kompetenz (z. B. Wortschatz, Grammatik) erfassen. Die Bögen unterscheiden sich untereinander etwas, folgen aber grundsätzlich einem ähnlichen Aufbau. Die Beobachtungen werden jeweils auf einer mehrstufigen Skala abgebildet. Zum Beispiel wird bei Sismik auf einer vierstufigen Skala erfasst, ob das Kind das Verb im Hauptsatz an die richtige Stelle setzt (»nie«, »selten«, »manchmal«, »häufig«, alternativ: »das Kind bildet keine Sätze«). Zusätzlich werden Informationen über den familiären Hintergrund des Kindes und bei Sismik und Liseb auch über die Familiensprache(n) notiert.

Die Durchführung der Beobachtung erfolgt über mehrere Tage oder Wochen in verschiedenen Alltagssituationen. Es ist sinnvoll, dass die pädagogische Fachkraft das Kind schon etwas länger kennt und dementsprechend eine Beziehung aufgebaut hat. Manche Items lassen sich sehr schnell beantworten, für andere wiederum ist eine längere Beobachtung erforderlich. Für nur sehr wenige Fragen ist es erforderlich, eine bestimmte Situation aktiv herzustellen (z.B. sich einen kurzen Reim merken und aufsagen). Die Bearbeitung des Bogens kann auch im Team aufgeteilt erfolgen.

Auswertung

Allen drei Verfahren ist gemein, dass sie sowohl qualitativ als auch quantitativ ausgewertet werden können. Qualitativ auswerten bedeutet, dass die Beobachtungsergebnisse auf Basis von einzelnen Fragen (z.B. »Nimmt das Kind beim Sprechen Blickkontakt auf?«) oder bestimmten Situationen (z.B. bei der Bilderbuchbetrachtung) auf individueller Ebene betrachtet und gebündelt und daraus Anknüpfungspunkte für die pädagogische Arbeit abgeleitet werden. Quantitativ auswerten bedeutet, dass die Ergebnisse einzelner Fragen zu einem sogenannten Skalenwert zusammengefasst werden können. Dieser Wert kann dann mit den Werten von Kindern der gleichen Altersgruppe und des sprachlichen Hintergrunds verglichen werden, welche zuvor mittels empirischer Untersuchungen ermittelt worden sind. Konkret geht es darum, herauszufinden, wie die Ergebnisse des Kindes im Vergleich mit einer altersgleichen »Norm« einzuordnen sind.

6.2.2 BaSiK

Grundlagen

Das Beobachtungsverfahren BaSiK (Begleitende alltagsintegrierte Sprachentwicklungsbeobachtung in Kindertageseinrichtungen; Zimmer 2019) wurde durch die Arbeitsgruppe um Renate Zimmer entwickelt und ist dazu geeignet, die sprachlichen Kompetenzen über die gesamte Kindergartenzeit hinweg einschätzen zu können. Daraus ergeben sich Anknüpfungspunkte für eine alltagsintegrierte sprachliche Bildung und Förderung. Im Fokus steht ein Bild vom Kind, welches die Kinder als soziale und auf Bewegung angewiesene Wesen ansieht, die von Anfang an aktiv lernen und kompetent handeln. Das Verfahren beinhaltet zwei verschiedene Bögen: die U3-Version für Kinder von 1;0 bis 3;5 Jahren und die Ü3-Version für Kinder von 3;0 bis 6;11 Jahren, der Einsatz soll jedoch flexibel gemäß Entwicklungsstand des Kindes erfolgen. Beide Bögen können für ein- oder mehrsprachige Kinder eingesetzt werden. Kinder, die erst ab dem Alter von 2 Jahren zum ersten Mal Kontakt zur deutschen Sprache hatten, werden als Kinder mit Deutsch als Zweitsprache (DaZ) bezeichnet. Kinder, die nur mit Deutsch aufwachsen oder aber mehrsprachig aufwachsen und bereits vor dem Alter von 2 Jahren zum ersten Mal Kontakt mit Deutsch hatten werden als Kinder mit Deutsch als Muttersprache (DaM) bezeichnet. Die Bögen sind so angelegt, dass eine wiederholte Beobachtung über einen längeren Zeitraum möglich ist, um dem Ziel gerecht zu werden, »Bildungsprozesse des Kindes zu begleiten und zu dokumentieren« (Zimmer 2019, S. 17) – empfohlen wird eine Durchführung pro Jahr. Statt eine Momentaufnahme zu liefern, sollen die wiederholten Beobachtungen mit ressourcenorientiertem Blick »Entwicklungsschritte und Entwicklungspotenziale« (Zimmer 2019, S. 17) zeigen, die zum Ausgangspunkt für die Unterstützung der sprachlichen Bildung im Alltag werden.

Aufbau und Durchführung

Die Bögen erfassen Sprachkompetenzen in bestimmten Bereichen (z. B. Sprachverständnis, phonetisch-phonologische Kompetenzen) sowie auch

Basiskompetenzen (z. B. Mundmotorik, soziale Entwicklung). Manche Items der Basiskompetenzen werden nur mit jeweils »ja« oder »nein« angekreuzt. Sie dienen dazu, Auffälligkeiten zu erkennen und möglicherweise als Anlass zu dienen, mit den Eltern ins Gespräch zu gehen und ggf. eine weitere professionelle Abklärung einzuleiten (z. b. wenn der Verdacht auf ein eingeschränktes Hörvermögen besteht). Die Einschätzung der weiteren Items erfolgt auf einer vierstufigen Skala von »trifft voll und ganz zu« bis »trifft noch nicht zu« (Beispiel: »…kann Adjektive (Eigenschaftswörter) steigern«). Zusätzlich werden persönliche Angaben zum Kind und seiner Entwicklung sowie bei mehrsprachigen Kindern auch zum Erst- und Zweitspracherwerb erhoben.

Beobachtet wird in Alltagssituationen, die sich aus dem Tun der Kinder (z. B. Rollenspiel), aus dem Tagesablauf (z. B. Mittagessen) oder aus der Initiative der pädagogischen Fachkräfte (z. B. Bilderbuchbetrachtung) heraus ergeben. Eine Testsituation soll nicht hergestellt werden. Zu beachten ist, dass die Beobachtungsergebnisse nicht aus einem allgemeinen Eindruck oder einer einmaligen Beobachtungssituation resultieren sollten. Stattdessen wird empfohlen, die letzten 4 Wochen mit vielfältigen Beobachtungssituationen zugrunde zu legen.

Auswertung

Die Auswertung ist – wie bei Sismik und Seldak – auf qualitative und (für Kinder ab 2 Jahren) auch auf quantitative Weise möglich. Die qualitative Auswertung steht im Vordergrund, da sie den kindlichen Spracherwerbsstand beschreibt und direkte Anknüpfungspunkte für eine individuelle Unterstützung bietet. Durch die quantitative Auswertung kann herausgefunden werden, wie ein Kind im Vergleich zu einer altersgleichen Gruppe mit gleichem Erwerbsbeginn der deutschen Sprache hinsichtlich der einzelnen sprachlichen Kompetenzen steht. Im Rahmen der qualitativen Auswertung analysiert die pädagogische Fachkraft, an welchen sprachlichen Strukturen das Kind gerade »arbeitet« (z. B. damit beginnt, das finite Verb im Hauptsatz an die zweite Stelle zu stellen). Sie kann daraus auf Basis einer theoretisch fundierten Entwicklungsreihenfolge ableiten, welche Entwicklungsschritte darauf folgen, und das Kind schließlich darin unterstützen. Das Verfahren folgt damit dem Prinzip der »Zone der nächsten Entwicklung« nach Wygotsky, so Zimmer (2019, S. 13).

6.2.3 Fazit

Die Bögen Liseb, Sismik und Seldak sowie auch BaSiK bieten einen niedrigschwelligen Zugang zur Beobachtung und Einschätzung der kindlichen Sprachentwicklung im pädagogischen Alltag sowie zur Sensibilisierung für sprachliche Auffälligkeiten. Zudem ermöglichen sie die Ableitung von Maßnahmen zur alltagsintegrierten sprachlichen Bildung und bilden eine Grundlage für Entwicklungsgespräche mit Eltern. Die Verfahren bieten einen differenzierten Blick, da die Sprachentwicklung des Kindes auf Basis der verschiedenen Sprachebenen (▶ Kap. 1) sowie weiterer sprachrelevanter Bereiche (z. B. Beispiel Literacy, ▶ Kap. 9) beobachtet wird und somit recht genau ermittelt werden kann, in welchem Bereich das Kind schon weiter entwickelt ist oder ggf. Unterstützung benötigt. Die Bögen sind zudem kostengünstig zu beziehen und haben einen klar strukturierten Aufbau, der sich aufgrund seiner Orientierung an Alltagssituationen gut in den Tagesablauf von Kitas integrieren lässt. Durch die Beobachtungs- und Auswertungsbeispiele werden die Durchführung, die Auswertung und die Interpretation anschaulich erklärt und Möglichkeiten für eine direkte Anknüpfung der Förderung aufgezeigt.

Besonders bei Seldak, Liseb und BaSiK werden die verschiedenen sprachlichen Bereiche, auf die sich die Bögen beziehen (z. B. Grammatik), vorab erklärt. Es empfiehlt sich aber trotzdem, dass die durchführende pädagogische Fachkraft darüber hinaus über grundlegendes Wissen über linguistische Grundbegriffe und spracherwerbstheoretische Grundlagen besitzt. Dies erleichtert es, sicher mit den Begrifflichkeiten umzugehen und die Ergebnisse einordnen und interpretieren zu können.

Hinsichtlich der Interpretation der Ergebnisse muss stets berücksichtigt werden, dass die Antwortkategorien – wie in jedem Beobachtungsverfahren – eine subjektive Komponente haben. Zum Beispiel soll im Sismik-Bogen eingeschätzt werden, ob der Wortschatz des Kindes, verglichen mit gleich alten Kindern, die Deutsch als Erstsprache erwerben, »sehr eingeschränkt«, »eingeschränkt«, »ausreichend« oder »reichhaltig« ist. Basierend auf Erfahrungswerten und Beobachtungen wird die pädagogische Fachkraft hier eine Einschätzung vornehmen können, allerdings ist nicht klar festgelegt, wie groß der Wortschatz sein muss, um als »ausreichend« oder »eingeschränkt« zu gelten, genau so wenig kann eine stabile Zahl zum tatsächlichen Wortschatz des Kindes ermittelt werden. Die Einschätzung wird hier also stets durch die individuell unterschiedlichen Erfahrungen und Wahrnehmungen der pädagogischen Fachkraft beeinflusst. Im BaSiK-Bogen wird der Wortschatz hingegen durch konkretere Fragen beobachtet (z. B. die Frage danach, ob Adjektive verwendet werden). Dies erleichtert die Einschätzung und führt zu differenzierteren Ergebnissen. Grundsätzlich sollte diese subjektive Komponente jeder pädagogischen Fachkraft bewusst sein und bei der Interpretation berücksichtigt werden. Hilfreich ist es hier – wie z. B. bei BaSiK vorgesehen –, das Item erst nach Beobachtung in verschiedenen Situationen anzukreuzen sowie die Beobachtungen mit verschiedenen Fachkräften/im Team zu besprechen. Im Rahmen der qualitativen Auswertung lassen sich dann gute Anknüpfungspunkte für die individuelle Gestaltung einer sprachanregenden Umgebung finden und umsetzen.

Aus diesem Grund ist es auch nicht sinnvoll, die Auswertung ausschließlich quantitativ vorzunehmen. Denn es ist Vorsicht geboten, wenn subjektiv gefärbte Einschätzungen in Zahlen übertragen und diese dann mit einer Vergleichsnorm in Verbindung gebracht werden und ein scheinbar »objektives« Ergebnis liefern. Alle vorgestellten Verfahren liefern Vergleichsnormen, die auf Basis von empirischen Untersuchungen gewonnen wurden. Bei Sismik/Seldak und BaSiK sind diese nach Altersphasen differenziert. Darüber hinaus wird bei BaSiK innerhalb der Gruppe der DaZ-Kinder differenziert, wie lange das jeweilige Kind schon im Kontakt mit der deutschen Sprache ist (Kontaktdauer). Denn ein Kind, welches erst seit ein paar Wochen oder Monaten im Kontakt mit der deutschen Sprache steht, schneidet ganz anders ab als ein Kind, welches schon seit einem Jahr Deutsch spricht. Dies sollte daher stets berücksichtigt werden. Allerdings sollte auch hier trotzdem weiterhin »vorsichtig interpretiert« werden, da die Stichproben, die zur Normierung herangezogen wurden, teilweise eher aus einer kleineren Anzahl an Kindern bestand.[16]

---

16 Zum Beispiel bestand die Stichprobe, welche bei BaSiK zur Normierung der

Wie auch bei anderen Beobachtungsverfahren sind der Nutzen und der Wert der Bögen also abhängig von dem Fachwissen und der Kompetenz der pädagogischen Fachkraft, die sich der subjektiven Komponente bewusst ist und diesen Faktor in die Auswertung mit einzubeziehen weiß sowie die Ergebnisse in Beziehung mit Theorien zum kindlichen (Zweit-)Spracherwerb setzen kann. Zudem ist immer zu berücksichtigen, dass es auch zu »Fehlern« in der Beobachtung kommen kann, wenn zum Beispiel die Wahrnehmung durch Vorannahmen oder Erwartungen beeinflusst ist (siehe Ulber & Imhof 2014, S. 61 ff. für einen Überblick). Die quantitative Auswertung sollte zudem die qualitative Auswertung ergänzen und niemals als alleinige Auswertung gewählt werden, nur weil sie zum Beispiel schneller durchzuführen ist. Wenn der kindliche Spracherwerb nicht nur aufgrund von Beobachtungen eingeschätzt werden soll, sondern eine präzisere und standardisierte Erfassung des Sprachstandes stattfinden soll, bieten sich Testverfahren an, die für den Einsatz in der Kita konzipiert wurden – so zum Beispiel das Verfahren LiSe-DaZ (Linguistische Sprachstandserhebung – Deutsch als Zweitsprache; Schulz & Tracy 2011).

6.3 Empfehlungen für die Auswahl von Verfahren zur Sprachdiagnostik

Wie eingangs dargestellt, steht eine Vielzahl an Verfahren zur Sprachdiagnostik zur Verfügung, was die Auswahl des geeigneten Verfahrens erschweren kann. Grundsätzlich sollte vorab geprüft werden, ob das geplante Verfahren tatsächlich dem »Einsatzziel« gerecht wird. Die folgenden Fragen können in Anlehnung an Ruberg und Rothweiler (2012, S. 60 f.) zur Orientierung genutzt werden:

DaZ-Kinder im Alter von 6;0 bis 6;11 Jahren herangezogen wurde, nur aus 47 Kindern (Zimmer 2019, S. 82).

- Welches Ziel wird verfolgt und kann das Verfahren diesem gerecht werden (z. b. Entdecken von Auffälligkeiten im Spracherwerb oder individuelle Begleitung des kindlichen Spracherwerbs)?
- Passt das Verfahren zur Zielgruppe (z. b. mehrsprachige Kinder im Alter von 3 bis 6 Jahren)?
- Liegt dem Verfahren ein theoretisch und empirisch begründetes Modell vom kindlichen (Zweit-)Spracherwerb zugrunde (linguistische Fundierung)?
- Liefert das Verfahren Normwerte für eine quantitative Auswertung und wenn ja, welche Stichprobe wurde zugrunde gelegt?
- Ist das Verfahren für den Einsatz im Kita-Alltag geeignet?
- Welche sprachlichen Bereiche werden in den Blick genommen (z. B. Grammatik und hier genauer Subjekt-Verb-Kongruenz)?
- Welche Konsequenzen sollen aus den Ergebnissen gezogen werden (z. B. Ableitung für die individuelle Gestaltung einer anregenden Sprachumgebung)?

Vor der Entscheidung für ein Verfahren ist es zudem auch sinnvoll, sich überblicksweise mit verschiedenen Verfahren auseinanderzusetzen. Hilfreich sind hier zum Beispiel Übersichten oder zusammenfassende Bewertungen auf Basis von wissenschaftlichen Kriterien. So bietet beispielsweise der im Rahmen der Initiative BiSS-Transfer[17] entstandene »Qualitätscheck der Diagnose-Tools für den Elementarbereich« eine strukturierte Übersicht und Bewertung über die aktuell gängigsten Verfahren und deren Einsatzbereiche.[18]

---

17 Die Initiative BiSS-Transfer bildet die Nachfolge der Initiative »Bildung durch Sprache und Schrift« (BiSS), welche von Bund und Ländern getragen wird, zum Transfer von Sprachbildung, Lese- und Schreibförderung in Schulen und Kitas (www.biss-sprachbildung.de).

18 https://www.biss-sprachbildung.de/angebote-fuer-die-praxis/tool-dokumentation/qualitaetscheck-der-diagnose-tools/qualitaetscheck-der-diagnose-tools-fuer-den-elementarbereich/

II Sprachliche Bildung

7 Begriffsklärungen und konzeptuelle Grundlagen

Bei der Vielzahl unterschiedlicher Konzepte, Programme, Grundlagenliteratur und Praxisratgeber zum Thema Kindersprache stößt man unweigerlich auf verschiedene Begriffe, die mit der Aneignung von Sprache und deren Unterstützungsmöglichkeiten verbunden sind. Meist sind dies die Begriffe *Spracherwerb*, *Sprachentwicklung*, *sprachliche Bildung*, *Sprachförderung* und *Sprachtherapie*. In der Kita-Praxis steht seltener die präzise Begriffsbestimmung im Vordergrund, sondern eher die Umsetzung auf der Handlungsebene. Im Sinne eines professionellen Umgangs mit den verschiedenen Begriffen sowie zur besseren inhaltlichen Orientierung in der Fachliteratur, in den Bildungsprogrammen und nicht zuletzt in den vielfältigen Konzeptionen ist eine Klärung der Begrifflichkeiten aber trotzdem sinnvoll und wird deshalb im Folgenden überblicksweise vorgenommen.

Die Begriffe *Spracherwerb* und *Sprachentwicklung* werden häufig synonym verwendet und bedeuten, dass Kinder sich eine oder mehrere Sprachen in natürlichen Interaktionssituationen implizit – das heißt unbewusst – und ungesteuert im Sinne einer frühkindlichen Entwicklungsaufgabe aneignen. In Abgrenzung dazu steht der gesteuerte Erwerb einer Sprache, bei der diese durch gezielte Instruktion, zum Beispiel im Schulunterricht, vermittelt wird.

Der Begriff *sprachliche Bildung* – manchmal auch *Sprachbildung* genannt – wird zum Teil vom Begriff der *Sprachförderung* abgegrenzt, manchmal mit diesem aber auch synonym verwendet. Gerade in etwas älterer Literatur herrscht meist noch die Verwendung des Begriffs *Sprachförderung* vor. Bei der Verwendung des Begriffs *Sprachförderung* geht es meist darum, Kinder gezielt und systematisch in ihrem Spracherwerbsprozess zu unterstützen – besonders dann, wenn ein »Förderbedarf« vorliegt, der zum Beispiel durch eine Entwicklungsverzögerung oder auch zu geringe sprachliche Anregung in der Familie bedingt ist (Füssenich & Menz 2014, S. 18; Schneider et al. 2012, S. 23). In den letzten Jahren hat sich der Fokus jedoch eher weg von einer defizitorientierten Sichtweise und hin zu einer ganzheitlicheren Sichtweise bewegt, weshalb verstärkt der Begriff der *sprachlichen Bildung* verwendet wird. Damit sind meist alle langfristigen Maßnahmen gemeint, mit denen pädagogische Fachkräfte oder auch Eltern den Spracherwerb aller Kinder im alltäglichen Miteinander unterstützen (Fried 2016, S. 199) bzw. mit denen sie ein Umfeld schaffen, »in dem sich ein Kind eigenaktiv und in Auseinandersetzung mit seiner Umwelt zu sprachlich handlungsfähiger Persönlichkeit entwickeln kann« (Ruberg, Rothweiler & Koch-Jensen 2013, S. 46).

Auch wenn beide Begriffe häufig in der oben beschriebenen Art abgegrenzt werden, sagen diese noch nichts über die tatsächliche praktische und methodische Umsetzung auf der Handlungsebene aus oder etwa über das Setting, welches zum Beispiel alltagsintegriert oder losgelöst vom pädagogischen Alltag (additiv) sein kann. Auch kann der Einsatz von bestimmten Sprachlehrstrategien bzw. Sprachförderstrategien (▶ Kap. 8) sowohl im Rahmen der sprachlichen Bildung als auch der Sprachförderung erfolgen. Fried schlägt daher eine gemeinsame Verwendung der Begriffe vor, nämlich »Sprachbildung/-förderung« im Sinne aller »direkten und indirekten Aktivitäten, mit denen Pädagoginnen und Pädagogen die Kontexte, in denen ein Kind seine Erst- und/oder Zweitsprache erwirbt, so zu optimieren trachten, dass dieses seine Potenziale bestmöglich zu entfalten vermag« (Fried 2016, S. 199). Inhaltlich an die Begriffsklärung von Fried angelehnt, verwenden wir im vorliegenden Buch vorrangig den Begriff der *sprachlichen Bildung*.

Der Begriff der *Sprachtherapie* grenzt sich klar von den beiden eben genannten Begriffen ab. Es sind damit therapeutische Maßnahmen gemeint, die ärztliche verordnet werden, um diagnostizierte Sprach-, Sprech-, Stimm- und Kommunikationsstörungen zu behandeln. Diese Behandlung gehört nicht zum Aufgabenbereich von pädagogischen Fachkräften in der Kita, sondern wird stets von Logopäd*innen oder Sprachtherapeut*innen vorgenommen.

Während man bis vor einigen Jahren im schulischen Kontext wie in der Kita vor allem additive Sprachförderangebote in den Blick nahm, hat sich im Zuge der Inklusionsdebatte – wie oben beschrieben – bis heute ein begrifflicher und auch konzeptioneller Wandel hin zur Fokussierung auf die »Alltagsintegrierte Sprachbildung« vollzogen. Mit der Verabschiedung der UN-Konvention im Jahr 2009 entwickelte sich dieser Wandel, verbunden mit der Forderung nach stärker inklusiv ausgerichteten Angeboten, die im Gruppenkontext ohne eine Separierung in kleinere Fördergruppen umgesetzt werden können. Diese eindeutige und bereits eine Werthaltung beinhaltende Botschaft wurde vor allem im universitären und Hochschulkontext diskutiert, während in der Praxis oft noch integrativ oder auch nach beiden Konzepten in gemischten Formen gearbeitet wurde. Das bereits in den 1960er Jahren in den USA als »Response-to-Intervention« bezeichnete Modell (z. B. McLesky/Waldron 2011, Huber/Grosche 2012) bietet eine sehr gute Auflösung der Diskussion in beide Richtungen, so wird danach eine Klärung der verschiedenen Ebenen in Form einer

- universellen Unterstützung für alle,
- einer gezielten Unterstützung der Kinder mit Risikobedingungen
- und einer »spezialisierten Unterstützung« für Kinder mit besonderen Förderbedarfen und hohen Risiken herbeigeführt.

Nach einigen Jahren der sehr dichotomen Diskussion um eine additive oder eine alltagsintegrierte Förderung wird heute stärker von den individuellen Bedürfnissen der Kinder ausgehend argumentiert. Je nach Förderbedarf sollte eine Kombination verschiedener Arbeitsweisen und Angebote möglich sein, bezogen auf den Bereich der sprachlichen Bildung heißt dies,

- eine sprachbildende Arbeit im Alltag der Einrichtung zu verankern, mit Teilhabemöglichkeiten für alle Kinder,
- sowie ergänzend gezielte sprachpädagogische Angebote für die Förderung in der Kleingruppe oder mit einzelnen Kindern anzubieten
- und therapeutische Angebote durch geschulte Fachkräfte (Logopäd*innen, Sprachheilpädagog*innen), die an den spezifischen Bedarfen orientiert sind, zu ermöglichen.

Die empirisch ausgerichteten Forschungsarbeiten in den letzten Jahren (ab ca. 2000) konnten nicht zeigen, dass spezifische Förderangebote oder Programme sprachförderliche Effekte mit sich bringen (z. B. Hoffmann, Polotzek, Roos & Schöler 2008). Doch auch der Nachweis der Effektivität alltagsintegrierter Maßnahmen ist forschungsmethodisch nur schwerlich umzusetzen. Als Konsequenz wird bereits seit einigen Jahren (wie) von Ruberg und Rothweiler (2011) gefordert, dass pädagogische Fachkräfte einerseits eine

> »umfassende fachliche Kompetenz [...] in den Bereichen Sprache, kindlicher Zweitspracherwerb, Sprachdiagnostik und Sprachförderung, [und] andererseits ausreichend Zeit, diese Kompetenzen in der Planung, Durchführung und Auswertung von Sprachdiagnostik und Sprachförderung zur Entfaltung zu bringen« (ebd., S. 23),

benötigen. Auch im Projektbericht zum Programm »Fühlen – Denken – Sprechen« wird von Fachkräften »[...] die Fähigkeit, Kindern auch in pädagogisch unstrukturierten Situationen ein adäquates sprachliches Förderangebot zu unterbreiten« (Salisch & Cloos 2021, S. 7) gefordert. Ziel der Fortbildung war es hier, die Anwendung alltagsintegrierter Sprachbildungsstrategien zwischen pädagogischen Fachkräften und Kindern forschungsbasiert zu optimieren (Mähler & Koch 2021, S. 171). Dabei handelte es sich explizit nicht um ein additives Trainingsprogramm, sondern um eine Schulung des Gesprächsverhaltens der pädagogischen Fachkräfte für die Förderung der Kinder im Alltag (Mähler & Koch 2021, S. 172). Mit dieser wurde das Ziel verfolgt, der »Schlüssel zur Repräsentation und Kommunikation über die Dinge (die Objektwelt) und über das Mentale (die Innenwelt)« zu sein sowie die Entwicklung von wissenschaftlichem Denken zu fördern und Emotionswissen zu unterstützen (von Salisch & Cloos 2021, S. 8).

Der Kita kommt bei der Umsetzung der Förderung eine besondere Rolle zu, da in diesem Alter eine besonders intensive Sprachaneignung stattfindet und sensible Phasen für das Erreichen wichtiger Meilensteine im Spracherwerb (▶ Kap. 1.2) hier altersmäßig zu verorten sind. Pädagogische Angebote wie das Dialogische Lesen, die Erzählförderung mit und ohne Kamishibai, der Einsatz der Erzählschiene, das Philosophieren mit Kindern oder auch Angebote wie das Forschende Lernen zur Förderung wissenschaftlichen Denkens und Sprechens können Ansätze für die Umsetzung in allen drei Bereichen (alltagsintegriert, gezielt sprachpädagogisch in Kleingruppen sowie auch therapeutisch) sein. Mischformen wie zum Beispiel alltagsintegrierte gezielte sprachpädagogische Angebote sowie weitere Formen kommen in der Praxis ebenfalls vor. Die Forschungen der letzten Jahre zur Umsetzung eines guten Interaktionsverhaltens (▶ Kap. 8), des Einsatzes von Sprachlehrstrategien, von Prinzipien des gemeinsamen Nachdenkens (Sustained Shared Thinking) und der kognitiven Aktivierung bieten hier aktuell die wichtigsten Ansatzpunkte.

Eine *bildungsfreundliche* Kita, das heißt also eine Einrichtung, die Kindern ermöglicht, sich zu bilden, ist immer zugleich auch *sprachfreundlich*, da die Sprache in der Regel der Träger der Bildungsarbeit ist. Grundsätzlich ist jede Situation geeignet und in der Umsetzung von Inhalten der verschiedenen Bildungsbereiche können Fachkräfte darauf achten, dass sie selbst eine differenzierte Sprache einsetzen. So kann im Sinne eines guten Sprachvorbilds ein differenzierter Sprachgebrauch bei den Kindern befördert werden, Fachbegriffe werden eingeführt, grammatische Strukturen dem Inhalt angemessen verwendet und Sprache kann gemeinsam reflektiert werden. Ein guter kommunikativer Umgang miteinander, wie zum Beispiel im Beachten und der Förderung von Gesprächsregeln in Gruppengesprächen, kann im Alltag sehr gut umgesetzt werden.

8 Die Rolle der pädagogischen Fachkraft: Interaktionsfördernde Verhaltensweisen

Aus dem Lateinischen von »Inter« und »Agere« abgeleitet kann der Begriff als ein »Handeln« zwischen Personen beschrieben werden. Das »Handeln« umfasst sowohl sprachliche Fähigkeiten als auch kognitive und sozialemotionale Voraussetzungen. Kinder verfügen von Geburt an über interaktive Fähigkeiten: Zunächst können sie hören, sich über ihr Schreien und andere Laute ausdrücken und so eine Reaktion ihres Gegenübers einfordern. Einige Wochen später lernen sie bereits, ihren Blickkontakt, ihre Mimik, Gestik und zunehmend den ganzen Körper für die Interaktion einzusetzen. In der Spracherwerbsforschung werden diese Kompetenzen mit dem Begriff der »Pragmatischen Kompetenz« umschrieben (▶ Kap. 1), die aber auch Kompetenzen der anderen Sprachebenen wie zum Beispiel die Entwicklung des Wortschatzes beinhalten. Eine Anpassung des Inputs an den kindlichen Sprachstand findet intuitiv durch die Bezugspersonen je nach Alter und Entwicklungsstand im Sinne der Ammensprache (babytalk), der lehrenden Sprache (motherese) und der stützenden Sprache (scaffolding) statt. Die ersten beiden Unterstützungsformate finden in den ersten Lebensjahren Anwendung. Während mit der Ammensprache im ersten Lebensjahr des Kindes vor allem durch eine starke Betonung und vereinfachte Worte dem Kind der Einstieg in den Spracherwerb erleichtert wird, so liegt der Fokus im kommenden Lebensjahr in der Unterstützung des Aufbaus des Wortschatzes und des Einstiegs in die Grammatik. Die stützende Sprache (scaffolding) wird bis in das Schulalter hinein verwendet. Scaffolding kann übersetzt werden mit »ein Gerüst bauen«. Der*die Erwachsene unterstützt vergleichbar mit einem Baugerüst das Kind beim Erwerb der Sprache. Für den Erwerb von Deutsch als Zweitsprache ist dieses Sprachgerüst ebenfalls von Bedeutung. Nach Skerra (2018) geht es darum, das sprachliche Lernen mit dem fachlichen Lernen zu verbinden.

Für die Kita würde man dieses fachliche Lernen eher mit einem inhaltlichen Lernen oder Wissenserwerb umschreiben (siehe auch ▶ Kap. 5). Dabei spielt der Einsatz von Sprachlehrstrategien (Erweiterungen der Sprache) eine besondere Rolle. Insgesamt gilt der Grundsatz, dass das Kind so viel Hilfe wie nötig erhalten sollte, aber auch so wenig wie möglich, um möglichst aus eigener Kraft nächste Schritte zu erreichen. Ziel ist es dabei, das Kind zu unterstützen, damit es sich gemäß der »Zone der nächsten Entwicklung« (Wygotsky 1978) weiterbilden kann.

8.1 Qualität der Interaktion

Die Qualität der Interaktion in der Kita ist abhängig von vielen verschiedenen Einflussfaktoren. Die Fachkräfte und ihre Erziehungsstile selbst sowie die Kinder spielen die größte Rolle für die Gestaltung. Aber auch die Kommunikationskultur der Einrichtung, das Bildungsverständnis, die Räumlichkeiten und nicht zuletzt der Fachkraft-Kind-Schlüssel beeinflussen Quantität wie Qualität der Interaktion. Schon in den 1930er Jahren wurde durch die Veröffentlichungen von Lew Wygotsky (1978) deutlich, dass der Interaktion eine sehr wichtige Rolle für die Bildungsarbeit zukommt. Dem ko-konstruktiven Ansatz nahestehende Psycholog*innen betonen, wie stark die Bedeutung der sozialen Umwelt für das Lernen des Kindes ist. Eine konstruktive Unterstützung kann vor allem im dialogischen Gesprächsformat stattfinden.

Anke König prägt den Begriff des sich dialogisch-entwickelnden Interaktionsprozesses (König 2014, S. 63). Für diesen braucht es mindestens zwei Gesprächspartner*innen, die sich wechselseitig aufeinander beziehen. Der Gesprächsgegenstand sollte nach dem Prinzip des »shared thinking« beiden Parteien zugänglich sein. König spricht hier von einem weder »erwachsenenorientierten« noch »kindzentrierten Dialog«, sondern von einem, der sich in der Mitte dieser beiden Pole befindet (ebd., S. 65). Der Begriff des »sustained shared thinking« geht auf Siraj-Blatchford (2009) zurück und beschreibt ein inhaltlich relativ offenes Interaktionsformat, bei dem vor allem das konstruktive Nachdenken und der geteilte Gedanke im Mittelpunkt stehen. Ziel ist es, diese Gedanken im Gespräch gemeinsam weiterzuentwickeln und so einerseits komplexe Gedankengänge zu entwickeln, die andererseits möglichst alle Gesprächsteilnehmende auch nachvollziehen können. Didaktisch kommen von Seiten der Fachkraft sowohl Prinzipien, die eher dem instruktiven Lernen, als auch Prinzipien, die eher dem konstruktiven Lernen zugeordnet werden können, zum Einsatz (König 2014, S. 63).

Sehr umfassend mit verschiedenen Bedingungen für die Interaktion hat sich Dörte Weltzien (2014, S. 88 ff.) auseinandergesetzt. Sie hat aus der Analyse von Interaktionssituationen in der Kitapraxis sechs Faktoren identifiziert, die die Qualität der Interaktion der Fachkraft ausmachen:

1. *Empathie und Perspektivenübernahme:* Eingehen auf Impulse von Kindern, Äußerungen der Kinder erweitern, Übernahme der Perspektive der Kinder, körperliche Zuwendung, Blickkontakt, Austausch von Erlebnissen und Erfahrungen
2. *Kontextangemessenheit und sensibles Antwortverhalten (Responsivität):* Feinfühligkeit, niedrige Wahrnehmungsschwelle, prompte Reaktionen, Akzeptanz des Kindes, Bereitschaft zur Kooperation, Kompetenzgefälle zwischen Kindern mitdenken und gestalten
3. *Stärkung der Gruppenkohärenz:* Fachkraft tritt als Teil der Gruppe auf und verstärkt den Zusammenhalt (weder dominant noch passiv), z. B. durch »Wir-Sätze«
4. *Eingehen auf die Dynamiken von Interessen und Zielen der Kinder:* Dynamik des kindlichen Handelns wird aufgenommen, z. B. im Spiel, unterschiedliche Interessen und Ziele der Kinder werden wahrgenommen
5. *Ermöglichung der bewussten Auseinandersetzung mit dem eigenen Wissen und Können:* Wertschätzende Aufmerksamkeit für jedes Kind, differenzierte, an Stärken der Kinder ausgerichtete Rückmeldungen, Unterstützung der Kinder, sich mit den Wirkungen ihres Handelns auseinanderzusetzen
6. *Eröffnung der sozialen Teilhabe (Zaungäste):* Feinfühligkeit im Umgang mit neuen Kindern in der Gruppe, Kindern, die »am Rande stehen«, Angebot zur Teilnahme, positive Aufmerksamkeit, soziale Teilhabe

(ohne an Bedingungen geknüpft zu sein), gegenseitiger Respekt und Wertschätzung

Den Wunsch nach sozialer Teilhabe beschreibt Weltzien als ein universelles, dem Menschen angeborenes Bedürfnis. Den Begriff des »Zaungastes« nutzt sie, um deutlich zu machen, dass es immer Kinder gibt, die weniger stark beteiligt sind und sich eher in eine beobachtende Haltung begeben (Weltzien 2014, S. 92). Die Kooperationsbereitschaft der Gruppe mit Außenstehenden ist nicht immer gegeben. Die Fachkraft hat als Teil der Gruppe die Möglichkeit, die Tür zur Teilhabe zu öffnen, so Weltzien (ebd., S. 94).

Als eine zentrale Bedingung für die gelingende Interaktion wird stets die Bindung zwischen Kind und Eltern sowie auch zwischen Kind und Fachkraft beschrieben. Als besonders wichtigen Aspekt beschreiben Wadepohl und Böckmann das »feinfühlige Interaktionsverhalten« der Bezugsperson (Wadepohl & Böckmann 2021, S. 27). Die fünf verschiedenen Facetten der Beziehungsgestaltung nach Ahnert (2007) zeigen dabei das Spannungsfeld von Zuwendung, Sicherheit, Stressreduktion und Assistenz auf der einen Seite und Unterstützung der Exploration auf der anderen Seite auf (Ahnert 2007, S. 33 f.). Zusammenfassend kann man sagen, dass die Anforderungen an die Professionalität der Fachkräfte hoch sind, sie sollten einerseits für das Kind offen sein, ihm zuhören, es aber auch durch Impulse und Denkanstöße herausfordern.

8.2 Umsetzungsmöglichkeiten in der Praxis

Eine gute Interaktion kann auf verschiedenen Ebenen unterstützt und weiterentwickelt werden. Raumgestaltung, pädagogisches Angebot sowie die Interaktionskompetenzen von allen Beteiligten tragen zu einem guten interaktiven Alltag bei. Die Fortbildung der Fachkräfte sowie die Reflexion der Bedingungen vor Ort und der eigenen Interaktionskompetenz sind sinnvoll. Im Folgenden werden einige Möglichkeiten der Umsetzung vorgestellt, es gibt aber viele weitere Möglichkeiten, deren Vorstellung hier in Gänze nicht möglich ist. Mit dem Begriff der *Sprachlehrstrategie* oder Sprachförderstrategie wird ein Konzept umzeichnet, das in der englischsprachigen Literatur auch mit dem Begriff des *scaffoldings* umschrieben wird. Dabei handelt es sich um interaktive Unterstützungsmittel, die Erwachsene und auch ältere Kinder einsetzen, um (jüngere) Kinder im Spracherwerb zu unterstützen. Es wird von Modellierungen und Initiatoren oder auch von Modellierungs- und Stimulierungstechniken gesprochen (Dannenbauer 1999; Jahns, Beckerle, Mackowiak & Kucharz 2013). Diese sind individuell an den Sprachstand des Kindes und die Situation angepasst. Die wichtigsten Formen sind:

- Das korrektive Feedback: Eine unkorrekte kindliche Äußerung wird implizit korrigiert, indem man die korrekte Form verwendet, ohne dass das Kind bewusst auf den Fehler hingewiesen wird.
  Beispiel:
  Kind: *Der* Auto fährt. Erwachsener: Wohin fährt denn *das* Auto?
- Erweiterungen (Expansion) und inhaltliche Fortführung (Extension): Kindliche Sätze werden erweitert bzw. vervollständigt und/oder thematisch fortgeführt.
  Beispiel:
  Kind: Ich bin geflogen.
  Erwachsener: Wie ein Vogel geflogen, bist du. Und so konntest du die ganze Welt von oben sehen.
- Begleitetes Sprechen: Im frühen Kindesalter wird oft eine Art des begleitenden Sprechens eingesetzt, bei der viele der alltäglichen Handlungen verbalisiert werden, um dem Kind möglichst viele Sprachanregungen zu geben.
- Als Initiatoren oder auch Stimulierungstechniken gelten zum Beispiel offene Fragen, Satzanfänge, Aufforderungen, etwas zu erzählen, und Beispiele:
  Erzähl mal...
  Wohin bist du denn geflogen? Wie war das?

Sprachlehrstrategien sollten reflektiert, dem Sprachstand des Kindes entsprechend und der Situation angemessen eingesetzt werden. Mimik und

Gestik unterstützen die Kommunikation an dieser Stelle ebenfalls. In einer Studie zum Fellbach-Konzept konnte gezeigt werden, dass eine Schulung von Fachkräften hinsichtlich des Einsatzes von Sprachlehrstrategien wirksam ist (Jahns, Beckerle, Mackowiak & Kucharz 2013, S. 263).

Einen weiteren Ansatzpunkt für die Förderung in der Praxis bietet das seit einigen Jahren aus der Heilpädagogik rezipierte Konzept der *Unterstützten Kommunikation* (Wilken 2021) für die allgemeine und die inklusive Kitapädagogik (Hänel-Faulhaber 2018). Dieses unterstützt die gesprochene Sprache durch Gebärden. Ziel ist es, sehr jungen Kindern sowie Kindern mit Sprachentwicklungsauffälligkeiten eine Unterstützung im Sinne eines Hilfsmittels im Verstehen wie in der Produktion von Sprache zu bieten. Kinder, die nicht über die verbalen Mittel verfügen, können über die Gebärden, die über Bildkarten eingeführt werden, kommunizieren. Dabei ersetzen die Gebärden nicht die Sprache der Erwachsenen, sondern werden begleitend eingesetzt. Pädagogisches Material wie die Metacom-Karten können die Fachkräfte dabei unterstützen, dies in der Praxis umzusetzen. Eine Fortbildung zum Einsatz ist empfehlenswert.

Ein weiteres didaktisches Prinzip, das in jüngerer Zeit öfter im Zusammenhang eines guten Interaktionsverhaltens beschrieben wird, ist das der *Kognitiven Aktivierung*. Dieses folgt der Grundannahme, dass für das Lernen eine vertiefte kognitive Auseinandersetzung hilfreich ist. Diese Auseinandersetzung kann angeregt werden, indem von dem Vorwissen der Kinder ausgegangen wird, Vorstellungen der Kinder erhoben, ihre Fragen zu einer Thematik gesammelt und Strategien zum Umgang mit dem Lerngegenstand analysiert werden (Mackowiak et al. 2021, S. 46). Ziel des kognitiv anregenden Lernangebotes, so die Autor*innen, ist es, Denk- und Verstehensprozesse anzuregen und Problemlöse- und Selbststeuerungsfähigkeiten zu unterstützen. Kognitive Konflikte und herausfordernde Aufgabenstellungen bieten dafür ein besonderes Potenzial (ebd., S. 45). Ein besonders geeignetes didaktisches Setting für die kognitive Aktivierung stellt die Lernwerkstättenarbeit dar. Hier können nach Katrin Hormann Dinge in Frage gestellt werden, Gedankengänge gemeinsam weiterentwickelt und neben dem eigenen Entdecken auch fachliche Erklärungen integriert werden. Dabei steht die intensive Auseinandersetzung mit dem Lerngegenstand im Zentrum (Hormann 2021, S. 163). Die Kombination von einer anregenden Lernumgebung mit einer professionellen Interaktionsgestaltung bietet dabei ein hohes Potenzial (Hormann 2021, S. 169).

Neben den oben beschriebenen Konzepten des *sustained shared thinking* und Prinzipien des *scaffoldings* wirken weitere Strategien, die von Seiten der Fachkräfte genutzt werden können, um die Interaktion zu unterstützen (Mackowiak et al. 2021, S. 55). So können sie:

- Fragen würdigen,
- Verständnis sichern,
- offene Fragen stellen,
- zum Nachdenken anregen,
- Kontrapositionen einnehmen,
- eigene Denkprozesse sichtbar machen und
- eigene Vermutungen anstellen.

Diese Empfehlungen sind den Hinweisen zur Gestaltung der Gesprächsführung philosophischer Gespräche sehr nah, so werden dort auch unterschiedliche Sichtweisen und Möglichkeiten erkundet und gemeinsame Lösungsalternativen und Handlungsperspektiven weiterentwickelt (vgl. die Impulse zur Gesprächsführung im ▶ Kap. 13 nach Michalik 2006/2010). Heike de Boer formuliert den Anspruch, durch sogenannte *Deep-Reasoning-Fragen* stärker den Fokus auf einen Austausch von Gedanken, Meinungen und Argumentationen zu legen. Ein enger Zusammenhang zwischen dem Niveau der Fragestellung und der Qualität der Antwort wird angenommen (Levin 2005, S. 41; de Boer 2015, S. 24). Bislang wird pädagogischen Fachkräften oft empfohlen, möglichst offene Fragen zu stellen (z. B. Ruberg & Rothweiler 2012, S. 70), da Entscheidungs- oder Ergänzungsfragen eher kurze Äußerungen bei den Kindern provozieren. Im philosophischen Gespräch wird oft eine erste Positionierung anhand einer Entscheidungsfrage herausgefordert, um dann erst im zweiten Schritt nach den Gründen zu fragen:

- Findest du es mutig, dass der Spatz sagt, dass er bei der Mutprobe nicht mitmacht? (Entscheidungsfrage)
- Was spricht dafür, dass der Spatz mutig ist? Was spricht dagegen? (Offene Frage, auch »deep reasoning«-Frage genannt).

Diese Kombination aus einer geschlossenen Frage für den einfachen Einstieg ins Gespräch mit einer offenen (deep reasoning) Frage, die den vertieften Austausch von Gedanken anregt, scheint ein ganz besonderes Potenzial für die Interaktion und einen komplexen Sprachgebrauch auf Seiten des Kindes zu bieten. Bestrebungen, die Partizipation in den Einrichtungen stärker zu befördern, kommt dieses Prinzip ebenfalls entgegen. Besonders geeignet sind dafür Gesprächskreise, in denen gemeinsam über diese Fragen diskutiert werden kann, im Sinne des philosophischen Gesprächs, des literarischen Gesprächs und des Gesprächs über naturwissenschaftliche Phänomene. Auch soziale Gesprächsinhalte, wie zum Beispiel eine Diskussion darüber, welche Regeln in einer Kita notwendig, sinnvoll und welche vielleicht auch verzichtbar sind, können für diese Gespräche gut in den Mittelpunkt gestellt werden.

Aus der Unterrichtsforschung gibt es inzwischen Erkenntnisse, dass es zwischen einem gut entwickelten Klassenklima und der Qualität der Interaktion enge Bezüge gibt. So unterstützt ein gutes Klassenklima die Interaktion und gute Interaktionskompetenzen haben Einfluss auf das Klassenklima. So werden zum Beispiel Konflikte besser ausgetragen, konstruktiver Probleme gelöst und insgesamt kooperativer miteinander umgegangen. Eine gestörte Interaktion hat wiederum negativen Einfluss auf das Gruppenklima und sollte folglich vermieden werden. Gute Interaktionskompetenzen dagegen sollten auf Ebene aller Akteure unterstützt werden. Diese entwickeln sich zwischen Kindern und Kindern, Kindern und Erwachsenen sowie zwischen den Erwachsenen.

Insbesondere im Bereich der lernunterstützenden Interaktion braucht es nach Wertfein, Wildgruber und Wirts (2015) noch eine Weiterentwicklung der Interaktion zwischen Fachkräften und Kindern. Die Autor*innen sprechen hier von »lernanregenden Dialogen«, die noch zu wenig die Interaktion in der Kita bestimmen. Diese scheinen nicht so intuitiv umsetzbar und brauchen unter Umständen professionelle Unterstützung in Form von Fortbildungen, Supervisionen und Hilfsmitteln wie videogestützte Analysen oder Beobachtungsskalen (Grewe 2014, S. 8; Wertfein, Wirts & Wildgruber 2015). Dafür stehen inzwischen verschiedene Verfahren zur Verfügung, wie zum Beispiel das Verfahren CLASS-pre-K (Pianta, La Paro & Hamre 2008) zur Erfassung der Interaktionsqualität im Allgemeinen oder auch das Instrument B-Luka (Johannsen & Keller

2022) zur Erfassung von lernunterstützenden Interaktionen (noch unveröffentlicht), die in verschiedenen Forschungsprojekten wie zum Beispiel im Bike- oder im KoAkiK-Projekt bereits zum Einsatz gekommen sind. Ein gut nutzbares Hilfsmittel zur Reflexion und Weiterentwicklung der professionellen Interaktion in der Kita ist die von Dörte Weltzien entwickelte Beobachtungsskala (GInA) (Weltzien 2014, S. 250 ff.). Items zwischen 1 und 4 können zur Beurteilung der Gestaltung von Interaktionsgelegenheiten im Alltag der Kita zu den drei Bereichen Gesprächsbereitschaft, Gestaltung der Interaktion und Aktivierung von Fachwissen beurteilt werden. Ein Beispiel aus dem Bereich der Gesprächsbereitschaft ist, ob die Fachkraft auch bei Regelverstößen – der Situation angemessen – gelassen bleiben kann und sich dabei standhaft und kooperativ zeigt oder bei Regelverstößen übermäßig streng, verärgert, abweisend und beschämend reagiert (ebd., S. 254). Die Fachkraft kann selbst ihr Verhalten anhand der Items einschätzen. So kann nicht nur in der Selbstreflexion, sondern zum Beispiel auch gemeinsam im Team eine Bestandsaufnahme erfolgen, um Ziele für die Weiterentwicklung der Interaktion der Kita in den Blick zu nehmen. Ein sensibler Umgang mit den Ergebnissen ist selbstverständlich von Nöten, da eine Selbstreflexion in diesem Bereich für die Beteiligten heikel sein kann.

9 Literacy-Förderung: Zusammenhänge zwischen Sprache und Schrift

Vorläuferfähigkeiten für den Schriftspracherwerb eignen sich Kinder nicht erst mit Eintritt in die Grundschule an, sondern bereits im frühen Kindesalter. Diese werden als Literacy-Fähigkeiten umschrieben. Schritt für Schritt eignen sich Kinder bis zum Schulalter Fähigkeiten an, die weit über die Aneignung erster Wörter hinausgehen. Der Begriff »literacy« ist aus dem englischsprachigen Sprachraum entliehen, es gibt in der deutschen Sprache kein wirklich passendes Äquivalent. Er wird oft mit dem Begriff der »Literalität« (Schrifterfahrungen) oder mit »Lesefähigkeiten« gleichgesetzt, er umfasst aber weitere Ebenen, wie die der Sprach- und der Literaturerfahrungen. Für den frühkindlichen Bereich werden auch die Begriffe »emergent literacy« oder »early literacy« verwendet, diese beschreiben explizit die frühen Erfahrungen im Sinne von Vorläufererfahrungen mit Sprache, Schrift und Literatur. Zusammenfassend können Literacy-Fähigkeiten drei verschiedenen Kompetenzbereichen zugeordnet werden:

- *Sprachbewusstheit und phonologische Bewusstheit:* Bewusster Umgang mit Lauten, Silben, Sprachrhythmus und Melodie
- *Literarische Erfahrungen:* Aneignung von Erzählformen verschiedener Textsorten und Genres; die Fähigkeit der Perspektivenübernahme nutzen, um Handlungslogiken nachvollziehen zu lernen und mit Fiktionalität umzugehen
- *Schrifterfahrungen (Literalität):* Entwicklung eines ersten Symbolbewusstseins, eines Interesses an Buchstaben und an Schriftsprache in unterschiedlichen Medien

Die Wirksamkeit von Literacy-Erfahrungen für den späteren Schriftspracherwerb ist recht gut belegt. Für eine frühe Förderung plädieren Fischer und Klicpera-Gasteiger (2013) auch zur Prävention von Leseschwierigkeiten im Schulalter. Das Elternhaus hat neben der Kindertagesstätte einen großen Einfluss auf die kindliche Literacy-Entwicklung. Wenn Eltern selbst wenig lesen und das Schreiben nur begrenzt beherrschen, ist der eigene Zugang für Kinder dieser Familien zu Schriftmedien oft stark eingeschränkt. Laut Ergebnissen der neuesten »LEO – Leben mit geringer Literalität«-Studie verfügen immer noch 12,1 % der Bevölkerung in Deutschland nur über gering entwickelte literale Kompetenzen (Grotlüschen et al. 2018, S. 5). Elternbriefe oder andere schriftsprachlich formulierte Informationen erreichen Elternteile ohne ausreichende Lesekenntnisse oft nicht oder nur eingeschränkt. Viele der betroffenen Elternteile trauen sich nicht, dies anzusprechen, sodass es hier einer erhöhten Sensibilität der pädagogischen Fachkräfte bedarf. Der Schlüssel einer guten Bildungsarbeit liegt nicht allein im kompensierenden Angebot der Kindertageseinrichtungen, sondern auch in der Zusammenarbeit mit den und Unterstützung der Eltern. Ziel ist, gemeinsam mit Eltern eine Einheit zur Stärkung der kindlichen Literacy-Erfahrungen zu bilden. Die Unterstützung der Eltern, auch als »Family-Literacy« benannt, kann zum Beispiel durch Ausleihmöglichkeiten für Bilderbücher, Hörspiele und Lernspiele erfolgen. Einige Einrichtungen kooperieren mit Sprachkursanbietern, um Eltern während der Kita-Zeit Sprachkurse zu ermöglichen. Bewährt haben sich Eltern-Kind-Nachmittage oder offene Kita-Cafés, die zum Beispiel über Bilderbuchkinos oder thematische Bücherecken unkompliziert Kontakte ermöglichen. Außerdem bieten Bilderbücher in verschiedenen Herkunftssprachen der Kinder ein großes Potenzial für die Elternarbeit.

9.1 Sprachbewusstheit und phonologische Bewusstheit

Die phonologische Bewusstheit gilt als Vorläuferfähigkeit für den Schriftspracherwerb und ist damit wichtiger Bestandteil der Literacy-Arbeit in der Kita. Sie ist Teilgebiet der Sprachbewusstheit und beschreibt die Fähigkeit, sich von der Bedeutung eines Wortes zu lösen und es in seine Silben und Laute zerlegen zu können. Es wird zwischen der phonologischen Bewusstheit im engeren und im weiteren Sinn unterschieden (Nickel 2006, S. 149):

- *Phonologische Bewusstheit im weiteren Sinn* beschreibt die Fähigkeit, Worte in Silben zu zerlegen (Fahr-rad) und andersherum aus einzelnen Silben Wörter zusammenzusetzen (Au-to). Auch der Umgang mit Reimen (Reimergänzungen) und das Erkennen von Alliterationen werden hierunter gefasst.
- *Phonologische Bewusstheit im engeren Sinn* bezeichnet die Fähigkeit, Laute (Phoneme) zu erkennen. Zuerst können Kinder Anlaute (M- wie Milch, Maus) und Endlaute (-s wie Bus, Schluss, muss) erkennen. Dabei gibt es zwei Aneignungswege: aus Lauten ein Wort zu bilden oder – andersherum – ein Wort in seine Laute zu zerlegen.

In Kindertagesstätten werden Kinder bereits ab dem Krippenalter über Bilderbücher, Sprachspiele und Lieder in ihren phonologischen Fähigkeiten gefördert. Fingerspiele und Tischsprüche vor dem Essen sind bereits in der Bildungsarbeit mit den Allerjüngsten verankert. Bilderbuchbetrachtungen ergänzen diese Arbeit um die Kombination von Sprache mit visuellen Eindrücken auf der Bildebene. Die Bilderbücher bieten dabei als Referenzrahmen Kindern und pädagogischen Fachkräften gemeinsamen Gesprächsstoff. Im frühen Kindesalter steht dabei weniger die Vermittlung der Geschichte selbst im Fokus, sondern das Gespräch über die Dinge und die Herstellung von Lebensweltbezügen, damit Kinder die zweidimensionalen Abbildungen erfassen und deuten lernen und sich so deren Bedeutung erschließen. Durch Fingerspiele und Lieder werden verschiedene

Sinne wie das Hören, Sprechen und auch kinästhetische Zugänge (Bewegung) bei den Kindern aktiviert, sodass das Erlernen von Sprache noch ganzheitlicher fundiert wird. Nach Fischer und Pfosts Metastudie aus dem Jahr 2015 bildet die Entwicklung der phonologischen Bewusstheit eine wichtige Basis für den Einstieg in den späteren Schriftspracherwerb und zeigt besonders hohe Effekte, wenn die Förderung bereits im Kitaalter einsetzt (Fischer & Pfost 2015, S. 48). Unter den untersuchten Interventionsprogrammen zur phonologischen Bewusstheit befanden sich hier Studien zu den beiden in Deutschland in der Praxis am weitesten verbreiteten Programmen »Hören, lauschen, lernen« (Küspert & Schneider 2018) und »Lobo« (Fröhlich, Metz & Petermann 2010). Diese können den Kita-Alltag um eine strukturelle Förderung ergänzen, sollten aber die alltagsintegrierte phonologische Förderung nicht ersetzen.

9.2 Literarische Erfahrungen

Neben Sprach- und Schrifterfahrungen bilden die literarischen Erfahrungen die dritte Säule einer umfassenden Literacy-Förderung. Der Literaturdidaktiker Kaspar Spinner hat elf Aspekte des literarischen Lernens beschrieben (Spinner 2006), die sich weitgehend auch für die Beschreibung der literarischen Erfahrungen von Kita-Kindern anwenden lassen. Literarische Erfahrungen beinhalten nicht nur Kenntnisse über verschiedene Gattungen von Texten, sondern umfassen auch literarische Kompetenzen, die für die Durchdringung einer Geschichte vonnöten sind. Diese stehen zum Teil in engem Zusammenhang mit sozial-emotionalen Kompetenzen (Hoyne & Egan 2019), wie zum Beispiel der Fähigkeit der Perspektivenübernahme und der Fähigkeit, die eigene Wahrnehmung mit der Anderer abgleichen zu können. Diese Fähigkeiten müssen entwickelt sein, um die Motive der Protagonist*innen und ihre Handlungen nachvollziehen zu können. Nur so entwickelt sich ein tieferes Verständnis für die Geschichte.

9 Literacy-Förderung: Zusammenhänge zwischen Sprache und Schrift

Die Umsetzung erfolgt mit Kindern im Kitaalter meist in der Form des Dialogischen Lesens (▶ Kap. 10), einer Form des literarischen Gesprächs, das auf den Dialog ausgerichtet ist und inhaltlich stark an die Lebenswelterfahrungen der Kinder anschließt. Im ersten Schritt lernen die Kinder die Bedeutung der Bilderbuchbetrachtung als kulturelle Praktik kennen: Wie herum hält man ein Buch? Wie blättert man um? Wie geht man zu einem Buch miteinander ins Gespräch? Wenn Kinder gelernt haben, ihren Aufmerksamkeitsfokus zu teilen und im Sinne des »triangulären Blickkontakts« (Zollinger 2004, S. 44) zwischen Objekt und der Bezugsperson hin und her zu lenken, dann sind sie auch in der Lage, in die Interaktion zum Bild einzusteigen. Dies ist bei vielen Kindern bereits vor dem ersten Geburtstag der Fall. Mit den jüngsten Kindern empfiehlt sich die Arbeit mit sogenannten »first-concept books«, in denen Gegenstände und Tiere aus der Lebenswelt der Kinder jeweils auf einer Seite dargestellt werden. Diese unterstützen im ersten Schritt den Wortschatzaufbau. Das gängige Interaktionsformat zwischen Erwachsenen und Kindern ist hier das des »Benennens«. Dieses erfolgt nach Zollinger oft nach dem beschriebenen Format: »Was ist das?« – »Ein Hund.« – »Richtig«. Dabei werden manchmal noch sogenannte vereinfachende Kindwörter verwendet (»Wau-Wau«, »Brumm-Brumm« etc.), um dem Kind den Einstieg in den Spracherwerb zu erleichtern. So unterstützt beispielsweise das Buch »Piep, Piep, Piep« von Soledad Bravi (2009) das Erlernen der zugehörigen Geräusche eines Gegenstands oder Tiers und ist damit für die Unterstützung des frühen Wortschatzerwerbs sehr geeignet. Ungefähr ab 2 Jahren finden dann Bilderbücher Einsatz, die für das Dialogische Lesen geeignet sind. Nun werden Lebensweltbezüge zum Alltag der Kinder hergestellt und regen das Verstehen der Geschichte und der Handlungen der Protagonist*innen über die eigenen Erfahrungen an: »Hast du das auch schon einmal erlebt?«, »Wie ging es dir dabei?«. Als wichtigstes Interaktionsformat steht hier der Dialog im Zentrum. Die Gesprächsfähigkeit der Kinder wird dabei in besonderem Maße unterstützt, zum Beispiel in der Aneignung des Sprecher*innen-Hörer*innen-Wechsels. Aber auch Wortschatz, Satzbau und Phonologie werden unterstützt.

Die dramaturgische Handlungslogik zu durchschauen und zu lernen, mit Fiktionalität umzugehen, sind wiederum klassische literarische Kompetenzen, die sich erst bei den etwas älteren Kitakindern (ab ungefähr 3

Jahren) entwickeln. Gut geeignet zur Unterstützung dieser Fähigkeiten sind Bilderbücher, die mit Fiktion spielen, wie das Buch »Ausflug zum Mond« von John Hare, das eine Klassenreise zum Mond als Ausflug beschreibt. So lernen Kinder bereits früh die Bedeutung der Fantasie für die Literatur kennen.

Mit den etwas älteren Kitakindern ungefähr ab 4 Jahren können dann auch komplexere sprachliche Fähigkeiten wie zum Beispiel die des Argumentierens geübt werden. Auf philosophischen Fragen basierende Bilderbücher regen das Argumentieren der Kinder besonders an, da hier zum Beispiel moralische Dilemmata oder Gedankenexperimente Kinder über die Inhalte der Geschichte anregen, ihre eigene Meinung gut begründet vorzutragen (Alt 2019). Mehrdeutige Bilderbücher, die Leerstellen enthalten und damit anregen, sich selbst eine begründete Meinung zu bilden, bieten ein besonders großes Potenzial. So bleibt zum Beispiel im Bilderbuch »Steinsuppe« von Anaïs Vaugelade bis zum Ende offen, ob der Wolf böse Absichten hat. Die Kinder und Erwachsenen werden über diese Leerstelle hier implizit aufgefordert, sich eine eigene Meinung dazu zu bilden.

Bilderbücher, die über eine gut nacherzählbare (narrative) Struktur verfügen, können von Kindern als Gerüst für das eigene Erzählen genutzt werden. Kamishibai-Karten in Form des Erzähltheaters regen das eigene freie Erzählen und die Entwicklung kohärenter Erzählformen an. Klassische Erzählstrukturen unterstützen dabei Kinder wie Erwachsene. Durch wiederkehrende Schemata kann man sich Handlungsverläufe leichter merken und diese besser nacherzählen. Ein Beispiel für ein wiederkehrendes Schema ist eine sich wiederholende Handlung im Märchen: Erst kommt der erste Bruder, dann der zweite und schließlich der dritte Bruder und löst das Problem. Wenn die Schemata von den Kindern verstanden und verinnerlicht sind, dann beginnen sie meist, auch eigene Geschichten in Form dieser Strukturen zu produzieren. Narrative Fähigkeiten sind im Gegensatz zu den dialogischen Sprachfähigkeiten eher auf den Monolog ausgerichtet und weisen damit eine andere innere Struktur der Sprache auf. So wird oft auf ihre Gemeinsamkeiten mit bildungssprachlichen Fähigkeiten hingewiesen, was die grammatische Struktur der Äußerungen betrifft (siehe auch ▶ Kap. 11 und ▶ Kap. 6).

Zusammenfassend kann man sagen, ist es zentral für die Kita ein breites Repertoire an unterschiedlichen Büchern vorzuhalten, da diese auch ganz verschiedene Sprachfähigkeiten (Erzählfähigkeiten, Dialogische Fähigkeiten, Argumentationsfähigkeiten...) bei den Kindern unterstützen. Eine vielfältige Buchauswahl kann somit eine gute Basis für die Sprachförderung bieten.

9.3 Schrifterfahrungen (Literalität)

Die schriftsprachlichen Fähigkeiten der Kinder variieren im Vorschulalter enorm. Einige Kinder können mit 4 bis 5 Jahren und vor der Einschulung bereits ihren eigenen Namen schreiben oder die Buchstaben des eigenen Namens oder anderer einfacher Wörter erkennen. Andere Kinder entwickeln aber auch bis zur Einschulung und darüber hinaus noch kein Interesse an Schrift. Jungen entwickeln ihr Interesse an Schrift und dem eigenen Schreiben nach den Vergleichsnormen des Beobachtungsverfahrens »Seldak« (Mayr & Ulrich 2006) etwas später als Mädchen. Belegt ist auch der Einfluss des Elternhauses sowie der Kitaqualität für die Entwicklung der Kinder. Zum Bildungsauftrag der Kita gehört es, die Grundlagen für die Entwicklung der Schriftsprache zu legen. Grundkenntnisse über den frühen kindlichen Schriftspracherwerb (Nickel 2013, S. 506 ff.) sind für die pädagogischen Fachkräfte dabei hilfreich.

Die Basis für das Erlernen der Schriftsprache ist die Entwicklung des Symbolbewusstseins. Kinder lernen früh erste Symbole erkennen und ihre Bedeutung verstehen. Auch Buchstaben sind als Symbole zu verstehen, sie stehen für Laute und können unterschiedlich kombiniert werden, um Wörter zu bilden. Die Arbeit mit Bildern und Bilderbüchern unterstützt die Kinder darin, Symbole zu entschlüsseln und diese in Sprache auszudrücken. In der ästhetischen Bildung wird dafür der Begriff des Bildverstehens gebraucht. Texte werden in einem vereinheitlichten symbolischen System, genannt Alphabet, codiert. So können wir schriftlich miteinander in Kontakt treten und Inhalte über die Symbole des Alphabets unabhängig vom Kontext übermitteln. In der Kita finden sich neben der Schriftsprache meist noch viele andere Bildsymbole, die mehr oder weniger allgemeingültig genutzt werden. So sind Notausgänge, Feuerlöscher, Toiletten, Spielzeugkisten und viele andere Dinge in der Kita durch Symbole gekennzeichnet, die aktiv in die pädagogische Arbeit zur Unterstützung eines frühen Symbolbewusstseins mit einbezogen werden können. Diese Bildsymbole können durch Schriftzeichen ergänzt werden, um Kindern eine Verknüpfung zu ermöglichen.

Weitere Entwicklungsaufgaben im Kitaalter sind:

- *Links-rechts-Orientierung* beim Schreiben erhalten: Wenn Kinder in Kritzelschrift schreiben, schreiben sie oft noch von rechts nach links. Bekommen Kinder viel vorgelesen, so erleben sie in natürlichen Situationen, dass der Vorleser oder die Vorleserin sich auch beim Lesen von links nach rechts orientiert und die Anordnung von Bildern in Büchern in unserem Kulturkreis nach diesem Prinzip erfolgt.
- *Phonem-Graphem-Korrespondenz* entwickeln: Ein Phonem (Laut) kann verschriftlicht werden durch ein oder mehrere Grapheme (Buchstaben). Das Graphem wird dann zum Symbol für einen Laut. Kinder im Prozess des Schriftspracherwerbs lautieren meist noch laut mit und ein Lautieren durch Erwachsene kann ihnen bei der Erschließung erster Buchstaben helfen. Anlauttabellen können dabei unterstützen, den korrekten Laut zu nutzen.
- *Erkennung von Wortgrenzen:* Sätze in einzelne Wörter segmentieren zu können, ist eine Fähigkeit, die schon kleine Kinder im Spracherwerb nutzen. Für die Verschriftlichung von Sprache ist es wichtig, Phrasenstrukturgrenzen erkennen zu können. Erwachsene und ältere Geschwister unterstützen Kinder darin, in dem sie sehr betont sprechen (Ammensprache).
- *Verwendung von Buchstaben:* Zu Beginn verwenden Kinder überwiegend Konsonanten (Skelettschrift), Vokale kommen erst später hinzu. Die Kinder begleiten dieses erste eigene Schreiben oft mit gedehntem Sprechen.
- *Vom phonographischen zum orthographischen Prinzip:* Zu Beginn wird nur nach Gehör geschrieben, zunehmend werden dann aber auch Recht-

schreibstrategien erworben. Für Kita-Kinder ist dieser Entwicklungsschritt in der Regel jedoch noch nicht relevant.

In der Kita zeigen sich die Anfänge des eigenen aktiven Schreibens oft darin, dass Kinder, zum Teil bereits im Alter von 3 bis 4 Jahren, in Kritzelschrift (auch Als-Ob-Schrift genannt) schreiben und mit Symbolen und ersten Buchstaben experimentieren. In der Praxis sind sie zum Beispiel dabei zu beobachten, wie sie in der Garderobe der Kita liegen und dort die Namensschilder abschreiben. Einige Kinder lassen sich von Erwachsenen Wörter und Namen vorschreiben, das erste Interesse an Verschriftlichtem gilt häufig dem eigenen Vornamen. Eine besondere Möglichkeit der Förderung des Interesses der Kinder für die Schriftsprache ist die nach Hüttis-Graff und Merklinger entwickelte Idee des Diktierens zu Bilderbüchern oder Geschichten (Merklinger 2012). Kinder diktieren den Erwachsenen erfundene Geschichten. Dafür sprechen sie langsamer und artikulierter. So werden Unterschiede zwischen geschriebener Sprache und gesprochener Sprache früh entdeckt.

Viele Bilderbücher unterstützen die aktive Auseinandersetzung mit Schrift. Der Bilderbuchklassiker »Die Geschichte vom Löwen, der nicht schreiben konnte« von Martin Baltscheit greift die Bedeutung der Schriftsprache als kulturelle Fähigkeit inhaltlich auf. Dieses Bilderbuch ist für ältere Kita-Kinder ab circa 4 Jahren geeignet. Auch das Bilderbuch »Das ausgelassene ABC« von Ina Hattenhauer ist für die spielerische Anregung von Sprache und Schrift in der Kita zu empfehlen.

9.4 Literacy-Förderung in der Kita

Die Förderung von Literacy-Kompetenzen ist ein wichtiger Baustein zur Steigerung der Chancengleichheit und Bildungsgerechtigkeit. Literacy-Erfahrungen lediglich auf die Vorläuferfähigkeiten für den Schrift- und Leseerwerb zu reduzieren, wird der Spannbreite dieses Gegenstands nicht gerecht. Kinder beschäftigen sich selten mit Bilderbüchern, um ihre

Sprache oder ihr Interesse an Buchstaben zu entwickeln, sondern es sind in der Regel die Inhalte, also die Geschichten oder die Sachthemen, die die Kinder begeistern, sodass Literacy-Projekte in der Kita auch inhaltlich gefüllt werden sollten.

Viele Kinder entwickeln von sich aus Interesse an der Schriftsprache. Dieses gilt es, von den Fachkräften in Kindertagesstätten zu unterstützen und bei den anderen Kindern zu wecken. In kleinen Schritten, wie zum Beispiel vom Ansehen erster Bilderbücher bis hin zum Vorlesen längerer Passagen, können ein erstes Symbolverständnis, Vorstellungen und Imaginationen auch im Sinne des literarischen Lernens der Kinder unterstützt werden. Die Entwicklung von Theaterstücken, das Diktieren von Erlebnissen oder Geschichten, Hörspiele und schließlich auch der Einsatz neuerer Medien wie zum Beispiel Tip-Toi-Bücher oder im späteren Kitaalter (ab 5 Jahren) auch die Entwicklung von eigenen Hörspielen oder Trickfilmen können Literacy-Fähigkeiten fördern.

Empfehlenswerte Bilderbücher im Bereich Literacy

Baltscheit, M. (2019). Die Geschichte vom Löwen, der nicht schreiben konnte. 2. Auflage. Weinheim: Beltz & Gelberg.
Bravi, S. (2009). Piep, piep, piep. Das Buch der Geräusche. 10. Auflage. Frankfurt a. M.: Moritz Verlag
Budde, N. (2006). Trauriger Tiger toastet Tomaten. 12. Auflage. Wuppertal: Peter Hammer Verlag.
Fehr, D. & Thomas, L. (2022): Dieses Buch ist leer. München: Penguin Junior.
Hattenbach, I. (2019). Das ausgelassene ABC. Hildesheim: Gerstenberg.

10 Dialogisches Lesen als alltagsintegriertes Sprachbildungsangebot

Seit den 1980er Jahren wurden unter dem Begriff des *Interaktiven Bilderbuchlesens* dialogische Lesesituationen beschrieben und empirisch erforscht. Heute wird im deutschsprachigen Raum eher von dialogischen Bilderbuchbetrachtungen oder Dialogischem Lesen gesprochen. Im Kern ist diese spezifische Form des Gesprächs zu Bilderbüchern jedoch auch heute noch an den in den 1980er Jahren durch die von Whitehurst und seinen Kolleg*innen entwickelten Prinzipien der Umsetzung ausgerichtet. Ziel ist es, mit Kindern in den Dialog zu einem Bilderbuch zu kommen, wobei die literarische Vorlage als Impuls für das Gespräch dient.

10.1 Forschungsergebnisse als Ausgangspunkt für die Entwicklung des Dialogischen Lesens

Bereits in den 1970er Jahren untersuchte die Erziehungswissenschaftlerin Catherine Snow, wie Mütter in verschiedenen Situationen mit ihren Kindern interagieren. Das Sprachverhalten der Mütter zeigte sich im Dialog mit ihren Kindern in Bilderbuchbetrachtungen deutlich komplexer als in Freispielsituationen (Snow 1977, S. 37). Mit ihrem differenzierten Blick auf das sich grundlegend unterscheidende Interaktionsverhalten in Abhängigkeit von Situationen legte Snow eine wichtige Grundlage für weitere Untersuchungen zum Sprachgebrauch. Anke König (König 2006,

S. 10) entwickelte eine Systematisierung von drei verschiedenen Situationstypen, die für die differenzierte Analyse des Sprachhandelns umschrieben werden sollten:

- die *Handlungsform* (Rollenspiel, Regelspiel, pflegerische Tätigkeiten, Buchbetrachtungen etc.),
- die *Sozialform* (Gesamtgruppe, Kleingruppe oder Dyade)
- und *Themen* (spezielle Bildungsbereiche).

Eine solche Differenzierung ist hilfreich, da so die Beschreibung verschiedener Interaktionsbedingungen in die Analyse des Sprachhandelns einfließen kann. So beeinflusst zum Beispiel die Sozialform maßgeblich, wie oft sich ein Kind am Gespräch beteiligen kann. In einer dyadischen Situation von zum Beispiel einem Erwachsenen und einem Kind und in der Kleingruppe können Kinder öfter zu Wort kommen als in größeren Gruppen. Die Handlungsform kann Einfluss auf die Komplexität der Sprache haben, so interagieren Erzieher*innen in angeleiteten Tätigkeiten (Basteln, Kochen, Handwerken) oft selbst weniger grammatisch komplex als in der Begleitung von Bilderbuchbetrachtungen (vgl. Willige 2008). Auch die Gesprächsthemen selbst haben einen immensen Einfluss auf die Komplexität von Sprache, wie zum Beispiel anhand eines Vergleichs von philosophischen und nicht-philosophischen Gesprächen gezeigt werden konnte (Alt 2019).

Die Qualität des Dialoges wird auch durch die Interaktionsfähigkeiten des*der Erwachsenen bestimmt. Ute Ritterfeld hat sich mit der Frage auseinandergesetzt, wie die Interaktion beschaffen sein sollte, um das Kind in seinem Spracherwerb zu unterstützen. Sie beschreibt mehrere Faktoren, die die Qualität des sprachlichen Inputs beeinflussen (Ritterfeld 2000, S. 411 ff.). Neben der »paralinguistischen Unterstützung«, die eine Unterstützung der Kommunikation durch Gestik und Mimik beschreibt, entscheidet auch das »prosodische Markieren« (Stimmhöhe, Rhythmus, Betonung und Pausensetzung) darüber, ob Kinder ihre Aufmerksamkeit auf bestimmte Merkmale von Sprache richten können. Als dritten Bereich beschreibt Ritterfeld die »linguistische Unterstützung der Kommunikation«, darunter versteht sie Sprachlehrstrategien wie auch den Einsatz von Fragen. Der vierte relevante Bereich ist die »Sozio-emotionale Unterstützung«, die sich in der Vermeidung expliziter Korrekturen, von Ironie und Sarkasmus bei Kindern vor der Einschulung zeigt. Als »diskursive Unterstützung der Kommunikation« führt Ritterfeld die Widerspruchsprovokation an, um Kinder sprachlich zu animieren. Damit meint sie eine Reaktion auf die kindliche Äußerung, die das Kind anregt, eine Aussage zu überdenken, wie zum Beispiel: Könnte das nicht auch anders sein? Oder aber auch selbst eine »streitbare« These zu formulieren, um das Nachdenken über Alternativen anzuregen.

Dabei verweist sie auf das Potenzial der »vertikalen Dialogstruktur« (ebd., S. 419). Die vertikale Struktur kennzeichnet, dass ein Gesprächsthema für einen längeren Zeitraum beibehalten wird, dieses sich jedoch inhaltlich ausdifferenziert (ebd., S. 420). Sie nutzt zur Umschreibung dieser Struktur auch den Begriff des kohärenten, das heißt sinnzusammenhängenden, Gesprächs. Die »vertikale Dialogstruktur« ist nach Ritterfeld noch förderlicher als die »vertikale Monologstruktur«, da hier zusätzlich die Interaktivität das Gespräch bestimmt. Am negativsten beschreibt Ritterfeld den »horizontalen Monolog« des*der Erwachsenen, hier doziert der*die Erwachsene und springt von Thema zu Thema, ohne Details und Zusammenhänge deutlich zu machen (ebd., S. 420). Bilderbuchbetrachtungen bergen nach Ritterfeld das Risiko, dass dargestellte Gegenstände und Sachverhalte nur benannt werden, ohne die Zusammenhänge ausreichend deutlich zu machen (ebd., S. 420). Timm Albers greift den Begriff der vertikalen Dialogstruktur für seine Untersuchung auf, er fasst seine Ergebnisse wie folgt zusammen:

> »Der größte Einflussfaktor auf das sprachliche Verhalten der Erzieherinnen wird vielmehr durch den Kontext bestimmt, in dem die Interaktion stattfindet. So kann wiederholt beobachtet werden, dass Sprache von den pädagogischen Fachkräften überwiegend direktiv zur Regulierung von Handlungsabläufen eingesetzt wird, wenn dies die stark strukturierten Abläufe im Stuhlkreis, Vorschul- und Sprachtraining verlangen. Je weniger Kinder an polyadischen Situationen beteiligt sind, desto eher entsteht eine sprachförderliche Atmosphäre in den Gesprächsbeiträgen, die sich auf Seiten der Erzieherinnen einer vertikalen Dialogstruktur annähern, auf Seiten der Kinder komplexe, kohärente und längere Äußerungen evozieren« (Albers 2009, S. 262).

Die Studie von Nils Hartung aus dem Jahr 2015 zur Durchführungsqualität des Dialogischen Lesens bestätigt den Einfluss des Angebots auf das

Sprachverständnis und die morphologisch-syntaktischen Fähigkeiten der Kinder (Hartung 2015, S. 130), allerdings ohne, dass in dieser Untersuchung langfristige Effekte sichtbar wurden. Die größten Effekte des Dialogischen Lesens auf die Entwicklung der Sprachfähigkeit von Kindern im Krippen- und Elementaralter sind für die Gruppe der 2- bis 3-jährigen Kinder bestätigt (Mol et al. 2008). Die Autor*innen stellen allerdings auch fest, dass das Vorlesen als Interventionsprogramm in Familien mit niedrigem Bildungshintergrund keine vergleichbaren Wirkungen zeigt (dazu auch Wieler 1997).

Besonders förderlich ist das Dialogische Lesen, wenn sich die Äußerungen des*der Erwachsenen dabei an der »Zone der nächsten Entwicklung« (Wygotsky 1978) orientieren, so Wieler (2002, S. 34). Ziel ist es dabei, in den Blick zu nehmen, was das Kind als nächstes bereit ist zu lernen, und den sprachlichen Input entsprechend darauf auszulegen, diese neuen Aufgaben zu unterstützen. Diese Ergebnisse sprechen für eine feste Verankerung des Dialogischen Lesens im Alltag der Kindertagesstätten, damit alle Kinder von den besonderen sprachbildenden Prinzipien des Dialogischen Lesens profitieren können, unabhängig vom Bildungshintergrund ihrer Eltern.

Zusammenfassend lässt sich sagen, dass neben dem gesprochenen Wort weitere Faktoren auf die Qualität des Dialogs wirken, die bei der Weiterentwicklung entsprechender Angebote ebenfalls berücksichtigt werden sollten. Besonders effektiv unterstützt das Dialogische Lesen die Sprachentwicklung 2- bis 3-jähriger Kinder sowie von Kindern mit Deutsch als Zweitsprache und Kindern mit Sprachentwicklungsverzögerungen. Die untersuchten Effekte beziehen sich in erster Linie auf die lexikalische Entwicklung, während Effekte auf die grammatischen Fähigkeiten erst ansatzweise nachgewiesen wurden.

10.2 Haltung der Fachkraft beim Dialogischen Lesen

Für die Praxis gilt es, Konzepte und Methoden zu entwickeln, die weniger strukturiert ablaufen und vertikale Dialogstrukturen auch in großen Gruppen ermöglichen, um die Sprachbildung stärker im Alltag der Kinder zu unterstützen. Kleingruppensituationen und dyadische Gespräche lassen sich in Kindertagesstätten wie auch im schulischen Kontext nur begrenzt herstellen. Bilderbuchbetrachtungen gehören zu den besonders sprachförderlichen Situationen im Kita-Alltag. Erfolgt die Umsetzung dialogisch, werden Sprachfähigkeiten besonders unterstützt. Whitehurst et al. entwickelten ein Interventionsprogramm, das Eltern schult, auf dialogische Weise mit ihren 3- bis 4-jährigen Kindern Bilderbücher zu lesen, diese Empfehlungen können auch auf die pädagogische Praxis übertragen werden. Zur Umsetzung empfehlen Whitehurst et al. (ebd., S. 552 ff.) sprachanregende Techniken wie

- offene Fragen zu den Bilderbüchern zu stellen,
- Ergänzungsfragen zu Funktionen oder Attributen zu stellen,
- Expansionen (Erweiterungen) zu nutzen (Erläuterungen zum Begriff siehe ▶ Tab. 10.1 und im ▶ Kap. 7),
- auf kindliche Antwortversuche angemessen zu reagieren,
- die Zeit des reinen Vorlesens zu verringern
- und die Anzahl der Fragen, die durch einfache Zeigegesten zu beantworten sind, zu verringern.

Das Dialogische Lesen mit jüngeren Kindern sollte in möglichst kleinen Gruppen stattfinden. Kraus empfiehlt eine Gruppengröße von drei bis vier Kindern (Kraus 2015). In der Praxis wird im späten Vor- oder Grundschulalter das Dialogische Lesen oft als Gruppengespräch durchgeführt. Klassische Vorleseeinheiten werden mit dialogischen Anteilen im Wechsel kombiniert (Alt 2013; Kraus 2005). Das Dialogische Lesen befördert die Sprachfähigkeiten der Kinder insbesondere dann, wenn von pädagogischen Fachkräften Sprachlehrstrategien eingesetzt werden (Sterner et al. 2016, S. 27; Zevenbergen & Whitehurst 2003, S. 178). Tabelle 10.1 zeigt eine Übersicht über die möglichen Sprachlehrstrategien. Sprachlehrstrategien wirken als Modellierungen oder Initiatoren zum Beispiel in Form des korrektiven Feedbacks, der Expansion, der Extension oder auch verschiedener Frageformen. Insbesondere das korrektive Feedback sollte nicht übermäßig eingesetzt werden, es empfiehlt sich, den Erhalt der Kommunikation und des Gesprächsinhalts über die Verwendung der korrekten Form zu stellen. Ähnliches gilt für das Lob, das aus einem Gespräch eine Bewertungssituation machen und in dem Sinne nicht per se als förderlich angesehen werden kann.

Offene Fragen gelten als besonders sprachanregend, da sie längere Antworten herausfordern können (Ennemoser, Kuhl & Pepouna 2013, S. 331; Röhner et al. 2015, S. 81). Eine differenzierte Betrachtung verschiedener Typen offener Fragen im Zusammenhang mit der Technik des Dialogischen Lesens ist jedoch bislang nur ansatzweise erfolgt. Der Einsatz von Ergänzungsfragen zielt oft auf eine Erweiterung des Wortschatzes ab, gerade bei jüngeren Kindern um den zweiten Geburtstag, die sich im Wortschatzspurt befinden. Entscheidungsfragen werden hinsichtlich ihrer sprachbildenden Wirkung bislang als eher »negativ« beschrieben, da sie keine längeren Antworten evozieren, sind aber für die Kommunikation und insbesondere den Einstieg in eine Argumentation von großer Bedeutung (Positionierungen werden erfragt). Wird eine Entscheidungsfrage im zweiten Schritt mit einer offenen Frage kombiniert, die nach einer Begründung fragt, dann werden hier besonders komplexe Sprachhandlungen herausgefordert.

Tab. 10.1: Unterschiedliche Sprachlehrstrategien zum Einsatz in Situationen des Dialogischen Lesens, erstellt von Katrin Alt

Techniken	Beispiele zum Bilderbuch »Warten auf Goliath« von Antje Damm
Entscheidungsfrage	Magst du die Schnecke?
Ergänzungsfrage	Mit welchem Tier wärst du gerne befreundet?
Offene Frage	Warum genau mit diesem Tier?

10 Dialogisches Lesen als alltagsintegriertes Sprachbildungsangebot

Tab. 10.1: Unterschiedliche Sprachlehrstrategien zum Einsatz in Situationen des Dialogischen Lesens, erstellt von Katrin Alt – Fortsetzung

Techniken	Beispiele zum Bilderbuch »Warten auf Goliath« von Antje Damm
Expansion (Erweiterung der kindlichen Äußerung)	Kind: Da ist die Schnecke und der Bär auf der Schaukel. Fachkraft: Die Schnecke und der Bär schaukeln auf einer Schaukel.
Extension (inhaltliche Weiterführung der kindlichen Äußerung)	Kind: Bär und Schnecke schaukeln. Fachkraft: Genau, die beiden schaukeln. *Sieh mal, wie hoch sie schaukeln.*
Korrektives Feedback (oft auch in Form einer Umformulierung)	Kind: Mit de Snecke. Fachkraft: *Mit der Schnecke ist der Bär befreundet?*

Das Dialogische Lesen kann über die oben beschriebenen eher formalen Aspekte von Sprache auch als eine Gesprächstechnik beschrieben werden, die an literaturdidaktischen Gesprächsmodellen orientiert ist. So beschreibt Spinner (2010) das Vorlesen der Lehrkraft als eines, das durch Gesprächseinlagen unterbrochen werden kann und dann die Imagination der Schüler*innen sowie auch das Mit- und Nachdenken besonders anregt. Spinner schlägt fünf verschiedene impulsgebende Möglichkeiten für solche Gesprächseinlagen vor (Spinner 2010, S. 196 f.):

- Antizipation: Die Schülerinnen und Schüler sollen sich überlegen, wie die Geschichte weitergehen könnte.
- Aktivierung von eigenen Erfahrungen (individuelles Vorwissen): Gemeint sind hier Impulse wie: »Eine solche Wut, kennt ihr das?« oder »Habt ihr auch einmal eine solche Situation erlebt?«
- Anregung der Perspektivenübernahme: Das geschieht durch Fragen wie: »Wie hat sich X hier wohl gefühlt?« Oder »Könnt ihr verstehen, warum X das sagt?«.
- Reflexion des Verhaltens einer Person: Dies bietet sich vor allem an, wenn sich eine Figur in einem Text in überraschender Weise verhält. Es

geht um Fragen wie »Findest du es richtig, was X hier getan hat?« oder »Was würdest du tun, wenn du in der Situation von X wärst?«
- Interpretation: Interpretationsfragen sind vor allem bei Textstellen angebracht, die durch andere Textstellen erhellt werden können, z. B., wenn aus dem vorangegangenen Textzusammenhang eine Begründung für das Verhalten einer Figur erschlossen werden soll.

Während die zuvor beschriebenen Sprachlehrstrategien eher auf der sprachlich-formalen Ebene Rückmeldung geben, gehen die von Spinner beschriebenen Gesprächseinlagen darüber hinaus, sie orientieren sich stärker am Inhalt. Sie erfordern ein tiefergehendes Nachdenken über die Geschichte und entsprechen damit auch den Forderungen nach sprachlich-kognitiv anregenden Gesprächen (Röhner et al. 2015). Die inhaltliche Impulssetzung im Sinne Spinners, ergänzt um die Nutzung von Sprachlehrstrategien im obigen Sinne, scheint eine vielversprechende Kombination für die Umsetzung von sprachbildenden Gesprächen anhand von Bilderbüchern zu sein. Zusammenfassend lässt sich sagen: Das Dialogische Lesen ist ein Konzept, das sowohl auf der sprachformalen Ebene Kindern Rückmeldungen gibt als auch eine Auseinandersetzung auf inhaltlicher Ebene ermöglicht. Es hängt vor allem vom gewählten Bilderbuch selbst, aber auch von den Gesprächsteilnehmer*innen ab, wie die Gespräche umgesetzt werden. Einige der Impulse Spinners (wie zum Beispiel die Frage »Findest Du es richtig, was X hier getan hat?«) werden zum Beispiel auch in philosophischen Gesprächen genutzt, um Kinder zu unterstützen, sich eine Meinung zu bilden und diese zu vertreten. Insofern gibt es Schnittmengen in den didaktischen Konzeptionen des Dialogischen Lesens und des Philosophierens mit Kindern, die allerdings bislang nicht systematisch erfasst wurden (Alt 2019).

10.3 Umsetzung des Dialogischen Lesens

Verschiedene Aspekte unterscheiden das Dialogische Lesen vom klassischen Vorlesen. Je nach Alter und Anzahl der teilnehmenden Kinder kann auch eine Zwischenform des Vorlesens gewählt werden. Insbesondere in größeren Gruppen kann es sinnvoll sein, eine Stelle, an der die Geschichte für ein kurzes Gespräch unterbrochen werden kann, vorab auszuwählen. Eine weitere Variante ist, die Geschichte zuerst im Sinne des klassischen Vorlesens vorzutragen und dann eine Gesprächsrunde zu den Buchinhalten oder zu weitergehenden Fragen der Kinder anzuschließen. Diese Variante ist besonders sinnvoll, wenn es sich um eine Geschichte mit einem hohen Spannungsbogen handelt, denn dann fordern Kinder meist ein, die Geschichte am Stück zu hören, und bringen auch nicht immer die Geduld auf, den Erzählungen der anderen Kinder zu folgen. Praktische Hinweise zur Umsetzung sind:

1. Textsicherheit oder Kenntnis des Inhalts des Bilderbuchs: Je besser man die Geschichte selbst kennt, desto mehr Fragen und Impulse zur Geschichte fallen einem ein.
2. Bücher und Bilder auswählen, die Kinder wie pädagogische Fachkräfte faszinieren, denn ein langweiliges Buch zieht selten einen interessanten Dialog nach sich.
3. Je kleiner die Kindergruppe ist, desto leichter fällt die Dialogführung. Bei einer größeren Anzahl von Kindern kann man das Buch auf den Knien abstellen und von oben oder auch der Seite lesen, damit alle Kinder die Bilder sehen können. Auch Kinder, die sich selbst nicht aktiv am Angebot beteiligen, können von dem Angebot profitieren.
4. »Bilderbuchkinos« einsetzen: Bücher einscannen und mit dem Beamer an die Wand projizieren. Einige Bibliotheken leihen digitalisierte Bücher als Bilderbuchkinos aus.
5. Geschichten mit hohem Spannungsbogen erst zu Ende lesen und dann den Dialog anschließen.

10.4 Empfehlenswerte Bilderbücher für das Dialogische Lesen

 Für das Dialogische Lesen sind Bilderbücher mit großformatigen Bildern und wenig Textteilen empfehlenswert. Die Handlung sollte vor allem über die Bilder transportiert werden. Auch gänzlich textlose Bilderbücher, wie zum Beispiel das Buch »Die Torte ist weg« von Thé Tjong-Khing oder auch »Ausflug zum Mond« von John Hare, sind sehr gut geeignete Bilderbücher für das Dialogische Lesen. Wenn die Handlung und die Protagonist*innen den Kindern ermöglichen, Bezüge zu ihren eigenen Erfahrungen und Lebenswelten herzustellen, dann gibt es besonders viel Gesprächsstoff. Die Komplexität des Buchs kann im Verlauf der Entwicklung der Kinder gesteigert werden. So empfiehlt es sich im Krippenalter, mit ganz einfachen Bilderbüchern im Sinne der first-concept-books oder einfachen kurzen Erzählungen zu starten, und im späteren Kitaalter kann dann mit Erzählungen mit mehreren parallelen Erzählsträngen und zu inhaltlich differenzierten Thematiken gearbeitet werden. Bei Kindern, die bereits einen gewissen Sprachstand erreicht haben, bietet es sich an, auch philosophische Fragen in das Gespräch zu integrieren. So wird nicht nur das Sprechen selbst, sondern auch die Kognition über die Auseinandersetzung mit offenen Fragen angeregt. Je nach Entwicklungsstand der Kinder und den Inhalten des Bilderbuchs sind Mischformen der beiden didaktischen Ansätze (Dialogisches Lesen und Philosophieren mit Kindern) hier sinnvoll.

11 Erzählförderung

Das Erzählen gehört in Kindertagesstätten zum Alltag. Eltern berichten bei der Übergabe am Morgen von zu Hause, oft ist ein Erzählkreis in der Kita etabliert, es wird zu Literatur erzählt, von persönlichen Erlebnissen und manchmal erzählen Kinder auch am Nachmittag ihren Eltern von Erlebnissen aus der Kita. Das Erzählen ist Teil unserer Kultur und wir verfügen über verschiedene Modi des Erzählens, je nachdem, um was für eine Erzählung es sich handelt. Erzählfähigkeiten brauchen wir, wenn wir eine Begebenheit nacherzählen möchten oder wenn wir uns etwas Fantastisches ausdenken und davon erzählen wollen, wie auch, wenn wir eine Rede oder einen Vortrag halten wollen. Auch Kinder verfügen bereits sehr früh über verschiedene Formen des Erzählens, die sie situationsabhängig einsetzen. Das Erzählen ist in erster Linie eine monologische Kompetenz und grenzt sich damit sprachstrukturell wie auch sozial-kommunikativ von dialogischen Kompetenzen ab. Es braucht wie andere sprachliche Register Übungsräume und Erzählvorbilder, die Kinder unterstützen, Erzählkompetenzen zu entwickeln.

11.1 Entwicklung von Erzählkompetenzen

Erzählerische Kompetenzen beinhalten komplexe sprachliche und kognitive Fähigkeiten. Aus dem Lateinischen kann der Begriff *narrare* mit *erzählen* übersetzt werden, entsprechend wird dann auch von Narrationskompetenzen (Erzählkompetenzen) gesprochen. Die Qualität der narrativen Struktur ist auf drei verschiedenen Ebenen mit unterschiedlichen Aspekten verbunden (Schoenbrodt, Kerins & Gesell 2010):

- der Ebene des Inhalts (Vokabular),
- der Ebene der Form (Grammatik)
- und der Ebene von Konversationsfähigkeiten.

Es ist also vom Inhalt, von der Form der Geschichte und von den Konversationsfähigkeiten abhängig, mit welcher Qualität erzählt wird. So ist zum Beispiel vorstellbar, dass es sich um eine äußerst spannende Vorlage (inhaltlich) handelt, die Form aber nicht gewahrt wird (z. B. in Form von irritierenden Tempuswechseln oder grammatikalisch falschen Sätzen) und deshalb eine Erzählung ihre Wirkung nicht entfalten kann. Dasselbe gilt für die Erzählfähigkeiten (Konversationsfähigkeiten), diese können die Vermittlung einer Erzählung unterstützen oder auch hemmen.

Um eine sinnzusammenhängende (kohärente) Erzählung zu produzieren, muss eine hierarchische Struktur aufgebaut werden, die mit der Ereignisstruktur der Geschichte übereinstimmt und die Organisation der erzählten Ereignisse beinhaltet. Die Nutzung von Kohärenzwörtern (Konjunktionen) braucht man zur Herstellung von Ursache-Wirkungs-Beziehungen. Konjunktionen stellen den Zusammenhang innerhalb einer Erzählung her, indem sie semantisch, in zeitlicher oder kausaler Weise die Inhalte miteinander in Beziehung setzen. Qualitativ hochwertige Erzählungen unterscheiden sich nicht unbedingt in der Anzahl, sondern in der Vielfalt der verwendeten Konjunktionen. Jüngere Kinder verwenden die Konjunktion *und* fast ausschließlich, während ältere Kinder in ihren komplexeren Erzählungen auch zeitliche und kausale Konnektive wie beispielsweise *damals* und *weil* einbeziehen. Mit der Konjunktion *und* und *und dann* lassen sich einfache lineare Zusammenhänge darstellen, für kohärente Erzählungen braucht es dann bereits komplexere Konjunktionen (*weil, aber...*).

Stufenmodelle des kindlichen Erzählerwerbs stehen neueren Ansätzen entgegen, so entwickeln nach Boueke, Schülein, Büscher, Terhorst und Wolf (1995) Kinder im Kitaalter bis zum frühen Grundschulalter zunächst *isolierte Erzählungen*, über *lineare Erzählungen* bis hin zu *strukturierten und narrativen Erzählungen* (ebd., S. 179). Die komplexeste Form als *narrativ strukturierte Erzählung* wird oft in der Literatur auch als *kohärente Erzählung* benannt. Fünf- bis Sechsjährige befinden sich nach der Untersuchung von Boueke et al. (ebd., S. 180) im Übergang der Aneignung vom isolierten zum linearen Erzählen.

Das entwickelte Stufenmodell von Boueke et al. wird nach Beckers Untersuchung (2011) allerdings relativiert, so ist danach die strukturelle Organisation des Erzählens stark vom Genre selbst abhängig und nicht allein von den Erzählkompetenzen des Kindes (Andresen 2013, S. 31). Neben den altersabhängigen Kompetenzen bestimmen der Inhalt und die Form der Erzählung (Erlebnisbericht, fantastische Geschichte, Nacherzählung) die narrative Struktur stark. So kann zum Beispiel in einer Erzählung vom Wochenende linear und in chronologischer Reihenfolge erzählt werden, während eine Bilderbuchgeschichte bereits kohärent nacherzählt wird.

Auch wenn die von Boueke et al. entwickelten Begrifflichkeiten wissenschaftlich nicht klar voneinander abgrenzbar sind, was die Reihenfolge des Erwerbs und die Altersangaben betrifft, so helfen sie Fachkräften in der Praxis dennoch, die Erzählfähigkeiten eines Kindes zu beschreiben. So ist zu beobachten, dass Kinder im Alter von 2 bis 3 Jahren häufig noch einzelne Sätze relativ unverbunden aneinanderhängen und nur aus dem Kontext ersichtlich wird, worüber das Kind eigentlich spricht. Für diese Phase bietet sich der von Boueke et al. entwickelte Begriff des *isolierten Erzählens* an. Die Kinder agieren im Hier und Jetzt, sie thematisieren noch selten Geschehnisse aus der Vergangenheit oder in die Zukunft hinein, einzelne Sätze stehen entsprechend für sich isoliert. *Lineare Erzählfähigkeiten* hingegen machen aus, dass Kinder schon Kenntnisse über den Ablauf eines Geschehnisses oder einer Geschichte verinnerlicht haben und versuchen, eine Chronologie herzustellen (und dann, und da, und). Wenn Kinder die Struktur einer Geschichte im Hinblick darauf, welche Elemente diese inhaltlich tragen, (Wendepunkte, Höhepunkt, Charakter der Protagonist*innen etc.) verstehen können, dann können sie bei entsprechenden sprachlichen Voraussetzungen diese auch im Sinne eines *kohärenten Erzählens* verbinden.

Übereinstimmend dokumentieren einige Studien im Bereich der Erzählforschung, dass höherentwickelte grammatische Mittel wie zum Beispiel die Nutzung komplexer Konnektoren (u. a. Boueke et al. 1995, S. 180;

Uccelli et al. 2015) kohärentes Erzählen und narrativ eingebettete Erklärsequenzen (Morek 2013) ermöglichen. Durch diese werden Kinder sprachlich in die Lage versetzt, (kausale) Nebensätze zu bilden, um Begründungen oder Erläuterungen in ihre Erzählungen einzubauen und so Sinnzusammenhänge herzustellen. Bislang wenig untersucht wurde, ob die Erzählförderung als didaktisches Prinzip auch zur Entwicklung morpho-syntaktischer Fähigkeiten führt oder ob weit entwickelte morphosyntaktische Fähigkeiten Kinder dazu befähigen, besonders elaborierte Erzählungen zu produzieren. Fest steht aber, dass die Fähigkeit, einen inneren Diskurszusammenhang herzustellen, in der Kindheit erst allmählich entwickelt wird. Insbesondere die Fähigkeit, sprachliche Mittel zur Beschreibung von Charakteren und verschiedenen Perspektiven flexibel einzusetzen und diese Referenzen während des gesamten Erzählprozesses beizubehalten, wird erst schrittweise und teilweise sogar erst während der Adoleszenz erworben (Qin, Kingston & Kim 2019, S. 178), insofern stellt die Erzählförderung eine wichtige pädagogische Querschnittsaufgabe vom frühen Kitaalter bis in die Mittel- und Oberstufe dar.

11.2 Kulturabhängigkeit des Erzählens

Relevant ist nach Andresen auch, die kulturelle Vielfalt in der Verwendung verschiedener Erzählstrukturen zu berücksichtigen (Andresen 2013, S. 31). Die narrative Entwicklung variiert nach kultureller Herkunft der Sprecher*innen. So entwickeln Kinder aus verschiedenen Kulturkreisen eine Vielzahl von Diskursgenres und kommunikativen Strategien für die Textproduktion. Nicht alle Diskursgenres sind in allen Kulturen gleichermaßen präsent. Kulturelle Unterschiede treten nach Schoenbrodt, Kerins und Gesell (2010, S. 50) auf fünf Ebenen auf. So unterscheidet sich das Erzählen in

1. den Funktionen und Genres der verwendeten Erzählungen,
2. den Inhalten und Themen der Erzählungen,

3. dem Stil und der Struktur der Erzählungen,
4. dem Selbstverständnis des*der Erzähler*in und
5. der Art und Weise, wie Kinder im Verstehen und in der Produktion von Narrativen sozialisiert sind.

Insbesondere in Ländern mit einer hohen Anzahl von Kindern mit verschiedenen Erstsprachen in Kindertagesstätten und Schulen ist die Entwicklung von früh ansetzenden Förderkonzepten ein wichtiger Schritt zur Angleichung der Chancen der Kinder. Im Sinne der später auch für die Schule relevanten Fähigkeiten sollten Kinder möglichst früh verschiedene Erzählformen kennenlernen, da diese je nach Form verschiedene (bildungs-)sprachliche Fähigkeiten bei den Kindern herausfordern (Khan et al. 2016, S. 1396). Auch angesichts des Zusammenhangs zwischen frühen morpho-syntaktischen und narrativen Fähigkeiten sowie Lesefähigkeiten in späteren Jahren (Dickinson, Nesbitt & Hofer 2019; Kajamies, Lepola & Mattinen 2019) ist es von Bedeutung, praktische Förderkonzepte weiterzuentwickeln und empirisch zu belegen. Erzählfähigkeiten werden heute als Brücke zwischen mündlicher und schriftlicher Sprache theoretisiert. So sind komplexe Erzählfähigkeiten strukturell (Grammatik, Wortwahl) der Schriftsprache ähnlicher als andere einfache mündliche Äußerungen. Für die Praxis folgt daraus, dass die frühe Erzählförderung Kinder im Sinne von Vorläuferfähigkeiten im Bereich *Literacy* auf den Schriftspracherwerb und den Erwerb von Lesefähigkeiten vorbereiten kann.

11.3 Erzählkompetenzen reflektieren

Neben interaktionistischen Ansätzen, so Stude (2013, S. 53), sind auch kognitionsorientierte Erklärungsansätze für empirische Studien unverzichtbar. Stude nutzt den Begriff der *narrativen Bewusstheit*, um verschiedene Ebenen des Erwerbs von Erzählkompetenz zu konkretisieren. Die narrative Bewusstheit umfasst nach Stude neben dem prozeduralen Wissen auch deklaratives Wissen im Sinne von meta-narrativen Fähigkeiten, also zum Beispiel die kindlichen Fähigkeiten, das Erzählen selbst zu reflektieren (Stude 2013, S. 60). Dieses kann in der Praxis unterstützt werden, indem man gemeinsam mit den Kindern eine Feedbackkultur im Kontext des Erzählens entwickelt. So könnte man zum Beispiel nach dem Erzählen

- Erzähler*innen selbst befragen:
  - Wie hast du dich beim Erzählen gefühlt?
  - Was ist gut gelaufen, was würdest du das nächste Mal anders machen?
- Fragen an das Publikum richten:
  - Was hat euch an der Erzählweise gut gefallen?
  - Wo habt ihr noch Tipps für die Erzähler*innen?
  - Welche Mittel könnte man noch verwenden, um die Inhalte einer Geschichte noch besser zu untermalen (Gegenstände, Licht, Musik…)?

Wichtig ist, mit den Kindern zu üben, dass ein solches Feedback immer wertschätzend und konstruktiv erfolgen sollte. So kann zum Beispiel etabliert werden, dass vor dem Feedback ein Dank ausgesprochen wird für die Erzählung.

11.4 Erzählförderung in der Kita

Die Aneignung anspruchsvoller narrativer Strukturen beginnt nicht mit der Einschulung des Kindes, sondern kann schon im frühen Kindesalter spielerisch angebahnt werden. So lernen Kinder im Erzählkreis der Kindertagesstätte bereits, frei vor anderen zu sprechen (meist in Form von Erlebniserzählungen), und werden zum Beispiel beim naturwissenschaftlichen Experimentieren angeregt, Beobachtungen, Erklärungen und Vermutungen zu verbalisieren. In und durch Bilderbuchbetrachtungen kann das eigenständige (fiktive) Erzählen unterstützt werden. Das Bilderbuch liefert dabei nicht nur inhaltlich Impulse, sondern bietet auch ein Erzählmuster oder -gerüst, welches vom Kind zur Nacherzählung der Geschichte übernommen werden kann. Während das faktuale Erzählen sich an Erlebtem und realen Begebenheiten orientiert und damit oft nach linearem Schema erfolgt, bieten vor allem fantastische Geschichten und philosophische Geschichten ein hohes Potenzial für kohärente Erzählungen. Methodisch kann auf drei verschiedene Hilfsmittel zugegriffen werden, um das Erzählen mit Kindern zu üben: die Erzählschiene, das Erzähltheater (Kamishibai) und die Arbeit mit Erzählsäckchen. Wie mit diesen Mitteln das Erzählen bei den Kindern unterstützt werden kann, wird im Folgenden vorgestellt.

11.5 Die Erzählschiene

Ziel der Arbeit mit der Erzählschiene ist es, eine Geschichte mehrdimensional nachzuerzählen, und diese kann als eine Vorform einer theatralen Inszenierung bezeichnet werden. Die Schiene besteht aus Holz mit drei bis vier schienenförmigen Vertiefungen, in die kleine Bilder aus einer Geschichte eingesteckt werden können. Es gibt bereits fertig ausgestanzte Figuren (z. B. *Die kleine Raupe Nimmersatt* von Eric Carle im Don Bosco Verlag), die genutzt werden können, um die Geschichte zum kleinen Theaterstück werden zu lassen. Genauso können aber mit einfachen Mitteln selbst die wichtigsten Protagonist*innen und handlungstragenden Gegenstände durch Kopien oder selbst gemalte Bilder angefertigt werden. Laminiert halten die Figuren und Gegenstände länger und können mehrfach genutzt werden. Episodische Geschichten können durch die eigene Entwicklung weiterer Protagonist*innen oder Szenen ergänzt werden, sodass die Kinder selbst literarisch kreativ werden können.

Um eine gute Erzählatmosphäre herzustellen, kann die Erzählschiene auf einem kleinen Tisch aufgebaut werden, die Zuhörer*innen sitzen im Halbkreis um diesen herum und können der Geschichte lauschen. Reihum kann jedes Kind einmal zum*zur Erzählenden werden.

Im ersten Schritt kann zum Beispiel die Geschichte als Ganze vorgelesen werden und die Kinder können parallel die Erzählschiene mit den ausgestanzten Figuren bestücken und so die Geschichte selbst aktiv bearbeiten. Sie können die Figuren die Schienen entlang bewegen, die Figuren miteinander in Interaktion treten lassen und so Zusammenhänge besser begreifen. Im nächsten Schritt bietet es sich an, die Kinder selbst die Geschichte nacherzählen zu lassen. Je nach Entwicklungsstand der Kinder und Kenntnissen über die Geschichte kann dies zunächst szenenweise oder auch bereits als gesamte Geschichte erfolgen.

11.6 Das Erzähltheater – Kamishibai

Das Kamishibai ist ein traditioneller Holzkasten mit langer Geschichte aus Japan. *Kami-* steht für das Papier und *-shibai* für Theater und es kann entsprechend mit Papier- oder auch Erzähltheater übersetzt werden. Es besteht aus einem Holzkasten, in den Bilder in szenischer Reihenfolge eingeschoben und durch die Erzähler*innen erzählend begleitet werden. Ein großer Vorteil im Vergleich zur klassischen Bilderbuchbetrachtung ist, dass die Erzähler*innen die Hände frei haben und meist im Stehen erzählen, was noch einmal eine andere *Bühnenpräsenz* vermittelt. Mit dem Kamishibai kann aufgrund der großformatigen Bilder sehr gut mit größeren Kindergruppen gearbeitet werden. Es gibt bereits einige Verlage, die Bilderbücher in diesem Format drucken, und es können auch eigene Geschichten für die Umsetzung im Kamishibai entwickelt werden.

Vorbereitung der Kamishibaivorstellung

- den Raum als Bühne gestalten, z. B. das Kamishibai auf einem Tisch oder einem Regal platzieren, um es besonders gut zur Geltung zu bringen
- Vorhänge und Lichtquellen für eine theatrale Inszenierung einsetzen

- bei der Sitzplatzanordnung darauf achten, dass alle Kinder gut sehen können
- zusätzliche Ausstattungsmittel nutzen (z. B. Musikinstrumente, Stabfiguren)

Durchführung der Kamishibaivorstellung

- selbst ein gutes Erzählvorbild darstellen: den Kindern zeigen, wie durch Stimme und Betonung das Erzählen beeinflusst werden kann
- das Erzählen durch die Kinder befördern und sie animieren, Stimme, Mimik und Gestik einzusetzen
- Rituale mit dem Kamishibai verbinden, z. b. einen Gong schlagen bei Beginn, ein sich schließender Vorhang, wiederkehrende Anfangsformeln oder Lieder, die den Beginn kennzeichnen

11.7 Das Erzählsäckchen

Das Erzählsäckchen kann als eine Mehrsinngeschichte im Mini-Format beschrieben werden. Auch hier dient ein Bilderbuch als literarische Vorlage. Gemeinsam werden mit den Kindern Dinge gesammelt, die sie mit der Geschichte assoziieren oder die helfen, diese nachzuerzählen. Es kann sich zum Beispiel um Holzfiguren, kleine Dosen mit Gerüchen und verschiedene Fühlmaterialien handeln. Für das Erzählen ist es wichtig, dass es sich vor allem um die bedeutungstragenden Elemente der Geschichte handelt (zentrale Figuren, zentrale Gegenstände, Symbole für wichtigste Handlungen). Ziel ist es, dass die Kinder mit Hilfe der Gegenstände die Geschichte erinnern und reproduzieren können.

Einige Hersteller bieten bereits fertig entwickelte Erzählsäckchen an, diese können aber mit einfachen Mitteln auch selbst entwickelt werden. Die Verbindung von Begriffen mit den Gegenständen und eigenen kleinen spielerischen Handlungen sind besonders einprägsam und helfen den

Kindern nach der Aneignung der Begriffe, auch den Handlungsablauf der Geschichte zu verinnerlichen und für das eigene Erzählen zu nutzen. Als Grundlage eignen sich besonders episodische Geschichten, die einer klassischen Erzählstruktur folgen, wie zum Beispiel das Märchen die »Die drei kleinen Schweinchen« von Joseph Jacobs (1890) oder auch das Bilderbuch »Ich bin der Stärkste im ganzen Land« von Mario Ramos (2006).

12 Mehrsinngeschichten im inklusiven Kontext

Warum braucht es Geschichten für alle Kinder? Erzählungen sind unser alltäglicher Begleiter. Wir nutzen Erzählungen, die an Fakten orientiert sind, um von Erlebnissen zu erzählen, und auch fiktive Erzählungen, zum Beispiel, um Geschichten zu erzählen. Die Fähigkeit zu erzählen ist eine grundlegende, sie sichert uns, gehört zu werden und die mit der Erzählung verbundene Botschaft zu vermitteln. Erzählungen strukturieren und formen die eigenen Erinnerungen und haben damit sowohl soziale wie psychische Funktionen, wie Fornefeld zusammenfasst: Im besten Fall machen sie Spaß und aktivieren die Zuhörer*innen, regen zum eigenen Fantasieren und unser Vorstellungsvermögen an, ordnen das Denken, bilden vage Ideen und Vorstellungen ab und haben beziehungs- und gemeinschaftsstiftende Funktionen (Fornefeld 2011, S. 43).

Inklusive Formen der Betreuung werden sowohl in Kindertagesstätten als auch in Schulen zunehmend verwirklicht und es wird sich bemüht, einen Perspektivwechsel von integrativen Angeboten hin zu einer inklusiven Kultur zu vollziehen, in der jedes Kind unabhängig von seinem Entwicklungsstand seinen Platz findet. Die UN-Behindertenrechtskonvention 2009 legte fest, was zuvor schon lange unter dem Begriff der Integration diskutiert wurde. Alle Menschen, so auch Menschen mit spezifischen Beeinträchtigungen, haben danach gleichermaßen das Recht auf Teilhabe an der Gesellschaft. Die Gesellschaft selbst bedarf in vielen Bereichen einer Anpassung, um die Teilhabe zu ermöglichen und Barrieren abzubauen. Dieses Recht umfasst auch die Teilhabe am kulturellen Leben. Explizit benannt wird hier der Besuch der Bibliotheken (Artikel 30 c). Daraus abzuleiten ist auch das Recht auf Zugang zu Literatur. Das alleinige Betreten einer Bibliothek kann nur als ein allererster kleiner Schritt im Sinne eines Zugangs zum kulturellen Leben zu sehen sein. Es schließt sich die Frage an, wie Kindern und Erwachsenen auch die Inhalte von Büchern, das heißt die Geschichten selbst, zugänglich gemacht werden können, wenn sie zum Beispiel aufgrund einer individuellen Beeinträchtigung nicht lesen können. Für Kinder sind neben der Bibliothek vor allem die Familie und die Kindertagesstätte der Ort der ersten Begegnung mit Erzählungen. Der Frage, wie das literarische Lernen für Kinder mit Beeinträchtigungen umgesetzt werden kann, wird bislang allerdings erst wenig Beachtung geschenkt. Ein positives Beispiel zur Erfüllung dieses Anspruchs ist die Umsetzung des literarischen Lernens in Form der Mehrsinngeschichte, die bislang unter verschiedenen Namen beschrieben wird.

12.1 Kurze Historie der Mehrsinngeschichte

Bereits in den 1990er Jahren entwickelte sich unter dem Begriff der *multisensory-stories* (Young & Lambe 2011) eine neue Form der Literaturvermittlung für Kinder mit schwerer Mehrfachbehinderung. Bis heute unterstützt die schottische Organisation »PAMIS« *(promoting a more inclusive society)* die Entwicklung von *multi-sensory-storytelling*. Ziel ist es, Barrieren im Zugang zu Geschichten zu mindern und so Kindern mit Einschränkungen Literatur über verschiedene Sinneseindrücke zugänglich zu machen. In Großbritannien wurde diese Form des neuen Geschichtenerzählens zunächst durch die Firma »Bag Books« in London entwickelt und später auch in Kooperation mit der Organisation »PAMIS« und der Universität Dundee weiterentwickelt. Im Jahr 2007 entstand auf einem internationalen Workshop in Utrecht (Niederlande) die Idee, dies globaler weiterzudenken und zu entwickeln (Fornefeld 2011, S. 4). Unter dem Begriff *Mehr-Sinn-Geschichte* (Fornefeld 2013, Rahn & Damag 2018; Monkowius & Pieper 2021) hat sich eine inklusive Form der didaktischen Umsetzung von Angeboten zu Literatur in den letzten zehn Jahren vor allem im Bereich der Betreuung von schwerstmehrfachbehinderten Kindern weiterentwickelt. In der deutschsprachigen Literatur wurde diese Form der didaktischen Umsetzung bislang vor allem von Barbara Fornefeld beschrieben. Ausgangsgeschichten waren hier zunächst meist biblische Geschichten oder Märchen.

Für den schulischen Kontext und die Arbeit mit ganzen Lerngruppen wurde die Idee von Mats Pieper und Elisabeth Hollerweger am *Bremer Institut für Bilderbuchforschung* der Universität Bremen weiterentwickelt. Sie verwenden in erster Linie Bilderbücher als Ausgangspunkt für die Entwicklung der Mehrsinngeschichte. Zunächst entwickelten Studierende sinnanregende Ideen für die Arbeit mit den Bilderbüchern, im nächsten Schritt wurden dann die Kinder selbst in die Entwicklung von mehrsinnlichen Anregungen zu einem Bilderbuch beteiligt. So entwickelten die Kinder Mehrsinngeschichten für andere Kinder, was in doppelter Hinsicht literarische Erfahrungen der Kinder unterstützt.

Warum braucht es Literatur, die mit allen Sinnen erfahrbar gemacht wird?

Die Mehrsinngeschichte bietet Kindern die Chance, Wahrnehmungserfahrungen auf unterschiedlichen Ebenen zu machen. Insbesondere die Ebenen der propriozeptiven (Wahrnehmung des eigenen Körpers im Raum) und taktilen Wahrnehmung sind essenziell für die Entwicklung eines ausgewogenen Körperbewusstseins und von Bewegungen des eigenen Körpers. Kinder mit wenig Sinneserfahrungen aufgrund körperlicher Einschränkungen können über die Mehrsinngeschichte einen anderen (neuen) Zugang zu Literatur einerseits und dem Bezug zu ihrem Körper, ihrem Dasein andererseits entdecken. Auch Kinder mit anderen Förderbedarfen, wie zum Beispiel Kinder mit Hörbeeinträchtigungen, sehbehinderte Kinder, Kinder mit Lernbehinderungen können von dem Angebot der Mehrsinngeschichte profitieren. Der spezifische Förderbedarf sollte bei der Auswahl des Bilderbuchs und der Entwicklung des didaktischen Angebots zum Buch unbedingt berücksichtigt werden. So bieten Bilderbücher unterschiedliche Potenziale, wie auch die Kinder selbst unterschiedliche Vorlieben, Fähigkeiten und zu fördernde Kompetenzen mitbringen. Diese Faktoren gilt es, für das pädagogische Angebot miteinander in Abgleich zu bringen.

Klassischerweise spricht ein Bilderbuch vornehmlich den auditiven und den visuellen Kanal an, jedenfalls dann, wenn es in klassischer Form vorgelesen wird. Das auditive Lernen wird durch das Vorlesen oder Erzählen der Geschichte aktiviert, die Bilder werden visuell aufgenommen. Erfolgt eine Interaktion mit dem Kind im Sinne einer dialogischen Bilderbuchbetrachtung, wird auch das eigene Nachdenken und Sprechen zur Geschichte angeregt, was den Kindern ermöglicht, Lebensweltbezüge herzustellen und so sich selbst zur Geschichte in Bezug zu setzen. Seltener werden in klassischen Bilderbuchbetrachtungen Zugänge über den haptischen, den gustatorischen, olfaktorischen und kinästhetischen Sinneskanal ermöglicht (fühlen, schmecken, riechen, bewegen). Die noch relativ junge Gattung des *interaktiven Bilderbuchformats*, wie zum Beispiel das *Mitmach-Buch* von Hervé Tullet (2020), ist bislang erst selten vertreten. Diese Form des Bilderbuchs animiert Kinder zwar, mit dem Buch in Interaktion zu treten, oft bleibt dabei aber die Erzählung auf der Strecke. Es handelt sich vielmehr um Bücher, die ein Drücken, Schütteln, Drehen oder bestimmte Geräusche zu einer Buchseite bei den Kindern herausfordern. Die Mehrsinngeschichte grenzt sich hier insofern ab, als dass es sich um eine komplexere Erzählung mit einem Spannungsbogen handelt, deren Wahrnehmung und deren Verstehen den Kindern über verschiedene Kanäle zugänglich gemacht werden soll. Das interaktive Bilderbuch kann als ein Vorläufer gesehen werden, der bereits mit sehr jungen Kindern gut nutzbar ist und wenig Vorbereitungszeit auf Seiten der Eltern und Pädagog*innen bedarf. Die Mehrsinngeschichte zu einem Bilderbuch braucht hingegen ein hohes Maß an Vorbereitung, Reflexion und auch mehr Zeit für die Umsetzung mit den Kindern.

12.2 Ziele einer Mehrsinngeschichte

Ziel der Umsetzung von Mehrsinngeschichten ist es, dass möglichst alle Kinder unabhängig von ihren persönlichen Voraussetzungen Zugang zu der Geschichte bekommen. Die Erfassung der Geschichte kann dabei durchaus auf verschiedenen Kompetenzniveaus erfolgen. So sollte die Geschichte individuell an das Kind und auch an seine Vorlieben und Bedürfnisse angepasst werden. Je kleiner die Gruppe, desto einfacher ist dies für die Fachkraft umsetzbar. Die Fachkraft kann ein konkretes Lernziel für ein Kind oder einzelne Kinder definieren oder auch allgemeiner auf die Förderung des Lernens sowie die Entwicklung der Selbstwahrnehmung abzielen. Die Ansprache der Kinder auf verschiedenen Kompetenzniveaus im Sinne einer Binnendifferenzierung bedarf einer guten Vorbereitung und spontaner Anpassungen an die Fähigkeiten und Interessen der Kinder zugleich. Dies stellt eine hohe Anforderung an die Fachkräfte dar.

Zentral ist nach Fornefeld, dass bei der Vermittlung der Geschichte nicht nur das Denken des Kindes, sondern das Kind als ganzer Mensch angesprochen wird (Fornefeld 2011, S. 55). Sinnliche Materialien und Musik sollen dabei Emotionen wecken und Bilder entstehen lassen, die ein Verstehen und Erleben ermöglichen (ebd.).

12.3 Die Buchauswahl für Mehrsinngeschichten

Am Anfang der Planung steht die Auswahl einer geeigneten literarischen Vorlage durch die pädagogische Fachkraft. Dabei können einerseits literaturdidaktische Aspekte eine Rolle spielen (Spinner 2006) und andererseits sind die Voraussetzungen und Kompetenzen der teilnehmenden Kinder ein wichtiges Kriterium für die Buchauswahl: Welche Lebenswelterfahrungen und welches Vorverständnis bringen die Kinder mit? Wie sind sie sprachlich und kognitiv entwickelt? Verstehen sie zum Beispiel bereits Metaphern? Das ausgewählte Bilderbuch sollte Kinder nicht über- und nicht unterfordern. In sehr heterogenen Gruppen ist es daher manchmal schwierig, ein für *alle* Kinder passendes Bilderbuch auszuwählen. Wenn mit einzelnen Kindern oder Kleingruppen gearbeitet werden kann, ist die individuelle Anpassung der Interaktion an die Fähigkeiten der Kinder einfacher umzusetzen als in großen Gruppen. In der Arbeit mit größeren Gruppen kann es helfen, sich der Spannweite der kindlichen Entwicklung bewusst zu sein und so sowohl lernschwache wie auch bereits weiter entwickelte Kinder durch die ausgewählten Gesprächsimpulse anzusprechen.

Ein weiteres Auswahlkriterium können thematische Schwerpunktsetzungen der Gruppe sein: Gibt es ein Projekt, das durch die Mehrsinngeschichte unterstützt werden kann? Hat die Kita einen spezifischen Schwerpunkt, an dem die Buchauswahl der Mehrsinngeschichte ausgerichtet werden kann? Gibt es einen besonderen Anlass, zu dem die Geschichte mehrsinnlich präsentiert werden soll (Sommerfest, Angebot der Kinder im Vorschulalter für die jüngeren Kinder…)?

Bilderbücher bieten im Vergleich zu textlastigen Geschichten (Kinderromanen, Märchen etc.) den großen Vorteil, dass neben dem Text immer auch über die Bilder gearbeitet werden kann und so bereits zusätzlich visuelle Zugangsmöglichkeiten gegeben sind. Grundsätzlich können Kinder in die Auswahl der Geschichten einbezogen werden, aber eine erste Prüfung, welche Geschichten und Bilderbücher für die Umsetzung als Mehrsinngeschichte überhaupt geeignet sind, sollte vorab durch die Fachkraft erfolgen. Es empfiehlt sich, kurze Geschichten, dargestellt auf möglichst großen Seiten, mit geringen Textanteilen von maximal ein bis drei Sätzen pro Seite als Grundlage auszuwählen. Die Geschichte selbst sollte sich für die Stimulation sinnlicher Anregungen eignen. Dies sind zum Beispiel Geschichten, die bereits Gerüche, Stimmungen über Farben zum Inhalt haben, oder Geschichten, die mit vielen Beschreibungen arbeiten und die Fantasie anregen. Für die Umsetzung in Form einer Mehrsinngeschichte eignen sich also vor allem Bilderbücher, die vom Handlungsverlauf bereits Optionen bieten, mehrsinnlich vermittelt zu werden. So ist zum Bespiel ein Bilderbuch, welches im Weltall spielt, schwieriger umzusetzen als eine Geschichte, die in Omas Garten spielt. Hier lassen sich direkt einfache Assoziationen finden: Gerüche aus dem Garten, Pflanzen, Erde, Steine oder auch Geräusche aus der Natur (Vogelstimmen, Regentropfen etc.) können relativ einfach in die Geschichte integriert werden. Je abstrakter die Thematik, desto schwieriger kann die Umsetzung als Mehrsinngeschichte sein. Aber auch Bilderbücher mit komplexeren Handlungen (z. B. *Der Tag, an dem nichts passierte* von Beatrice Alemagna) können von der Umsetzung als Mehrsinngeschichte profitieren, da sie durch die erweiterte Form der Umsetzung im Sinne einer starken Handlungsorientierung für eine größere Anzahl an Kindern zugänglich wird (Mankowius & Pieper 2021). Zentral ist, ob sich zur jeweiligen Geschichte passende, den Sinn übertragende Materialien und Aktivitäten finden lassen, die ein breites ästhetisches Erleben ermöglichen.

12.4 Die Vorbereitung von Mehrsinngeschichten

Im *ersten Schritt* muss sich das Bilderbuch selbst erschlossen werden. Oft werden Details oder kleine versteckte Hinweise in Bild und Text, die sich später gut für die didaktische Arbeit mit dem Buch nutzen lassen, auch erst bei der eigenen mehrfachen Betrachtung des Bilderbuchs deutlich. Das Gespräch mit anderen Fachkräften über das Buch kann helfen, noch einmal andere Perspektiven wahrzunehmen.

Im *zweiten Schritt* kann eine Art »Sammlung von Ideen« zur Umsetzung als Mehrsinngeschichte erfolgen, dafür bietet sich die Erstellung einer Mindmap oder auch eine tabellarische Übersicht an (Lernziele, Ansprache der verschiedenen Sinne). Dabei ist es sinnvoll, Ideen zur Aktivierung der Sinne (Sehen, Hören, Schmecken, Riechen, Tasten, Bewegen) zu sammeln. Diese erste Sammlung sollte dann im zweiten Schritt auf ihre Sinnhaftigkeit überprüft werden:

- Handelt es sich um mehrsinnliche Erfahrungen, die das Verständnis der Geschichte im Sinne des Handlungsablaufs wirklich unterstützen?
- Bleibt die Erzähldramaturgie der Geschichte erhalten oder wird diese durch die sinnlichen Angebote unterbrochen?
- Unterstützen die Sinnesangebote das Verstehen der (inneren) Gefühlszustände und Motive der Protagonist*innen?
- Führen die sinnlichen Angebote zu einem tieferen Verständnis oder führen sie von der Geschichte weg?
- Sind die Ideen mit der eigenen Kindergruppe umsetzbar?
- Bleibt das Ziel der kulturellen und sozialen Teilhabe erhalten? (vgl. Fornefeld 2011, S. 57)

Im *dritten Schritt* sollte dann die Reflexion der möglichen Reihung des didaktischen Angebots erfolgen.

- Welche der Sinneserfahrungen unterstützt die Geschichte am Anfang, in der Mitte und am Ende?
- Wie kann die Komplexität innerhalb der Aktivitäten selbst gesteigert werden?
- Was könnte eine Aktivität für die Vertiefung sein für Kinder, die sich die Geschichte sehr schnell erschließen?

12.5 Die Umsetzung von Mehrsinngeschichten

Je nachdem, wie die Aktivitäten zum Buch zeitlich geplant werden, kann es sinnvoll sein, das Bilderbuch im ersten Schritt einmal mit den Kindern als Ganzes vorzulesen oder auch als dialogische Bilderbuchbetrachtung vorab umzusetzen. Die Umsetzung der Mehrsinngeschichte selbst kann am Stück oder auch verteilt auf mehrere Tage oder sogar über einen längeren Zeitraum projektartig umgesetzt werden. Die zeitliche Planung wird bestimmt durch die geplanten Aktivitäten zur Geschichte. So sind nach einem ersten Lesen mit eher niedrigschwelligen Angeboten, die direkt in das Lesen integriert werden können, auch weiterführende Aktivitäten wie zum Beispiel der Besuch eines Teichs umsetzbar. Bei diesen Aktivitäten können dann bestimmte Sinneseindrücke, die anhand der Geschichte eher abstrakt bleiben oder nur aus der Erinnerung abrufbar sind, unmittelbar erfahrbar gemacht werden (Riechen des moderigen Teichs, Hören des Zulaufs des Wassers oder des Winds im Schilf). Eine solche Aktivität kann auch dem Lesen der Geschichte vorausgehen, um sicher zu gehen, dass die teilnehmenden Kinder bereits über Erfahrungen verfügen, die sie mit der Geschichte in Bezug setzen können. Vorerfahrungen der Kinder zu erfragen, ist jedoch immer wichtig und notwendig.

Der Einsatz einer Mehrsinngeschichte kann auch an Grenzen stoßen oder behindert werden, so braucht es ausreichend personelle Ressourcen und Austauschzeiten im Team, um eine entsprechende Geschichte zu entwickeln, sowie auch Zeit und personelle Ressourcen für die Umsetzung mit den Kindern. Einmal entwickelt, bietet die Mehrsinngeschichte dann allerdings auch Perspektiven für die mehrmalige Umsetzung. Eine Weitergabe an andere Einrichtungen und Austausch von Mehrsinngeschichten zwischen Einrichtungen ist ökonomisch sinnvoll.

12.6 Ein Beispiel

Das folgende Beispiel wurden von einer Gruppe von Studierenden im Studiengang »Bildung und Erziehung in der Kindheit« der HAW Hamburg im Seminar »Individuelle Förderung« erarbeitet. Das Beispiel wird hier in Anlehnung an die Seminararbeit von Anna Ludolph (2021) vorgestellt:

Mehrsinngeschichte zum Bilderbuch: *Welche Farbe hat ein Kuss?* von Rocio Bonilla (2018)

Das Bilderbuch mit dem Titel »Welche Farbe hat ein Kuss?« der Autorin und Illustratorin Rocio Bonilla vereint die Auseinandersetzung mit den Themen Farben und Gefühlen. Hauptcharakter ist das neugierige Mädchen Minimia im Vorschulalter, das sich am liebsten über das Malen ausdrückt und ausgehend von ihrer Überlegung, in welcher Farbe sie einen Kuss malen sollte, eine sinnlich-gedankliche Reise zu ihren Lieblingsfarben und -dingen und von ihr weniger geschätzten Dingen und Gefühlen unternimmt.

Die Mehrsinngeschichte zu diesem Buch wurde für eine fiktive Zielgruppe von sechs Kindern im Vorschulalter ohne spezifische Förderbedarfe in einer Kindertageseinrichtung entwickelt. Es ließe sich aber auch anwenden in einer inklusiven Lerngruppe. Ziel des Angebots ist es, zu zeigen, dass die Wahrnehmung der Menschen von Farben sehr unterschiedlich ist und auch der Kuss selbst etwas ist, das sehr unterschiedlich wahrgenommen werden kann.

Vorbereitung: Vor der Durchführung sorgt die pädagogische Fachkraft für das Vorhandensein der folgenden Ausstattungsgegenstände:

- Kissen oder andere bequeme Sitzgelegenheiten
- Fotos und Abbildungen von Kunstwerken zum Thema »Kuss« (Bilder z. B. von Gustav Klimt, Edvard Munch, Kerstin Sigwart, Paco Rocha)
- Bunt- und Wachsmalstifte, Papier
- Tonbandaufnahmen von Geräuschen, die mit der Geschichte in Verbindung gebracht werden können
- Riechdosen und Fühlboxen gefüllt mit verschiedenen Lebensmitteln (Honig, Schokolade…)

Umsetzung: Die Umsetzung wurde in diesem Fall in zwei Teile untergliedert, zunächst die *Phase des direkten Vorlesens* und daran aufbauend die *Phase nach dem Vorlesen*.
Ablauf in der Phase des direkten Vorlesens:

- Fotos und Abbildungen von Werken aus der Kunst zum Thema »Kuss« werden gut sichtbar auf dem Boden auslegt
- Jedes Kind darf sich eines der Bilder aussuchen und soll im Anschluss kurz begründen, warum ihm/ihr dieses Bild gut gefällt oder auch nicht gefällt
- Vorlesen der Geschichte
- Integration von kleineren Fragen in das Lesen im Sinne des Dialogischen Lesens: Welche Farbe hat ein Kuss? Wie würdet ihr einen Kuss malen?
- *Akustische Wahrnehmung:* Ein Abspielgerät wird eingesetzt, um die im Buch auftauchenden Geräusche aufzugreifen: ein starke Brise, Summen von Bienen, ein Herbststurm mit raschelnden Blättern und sich biegenden Ästen, Meeresrauschen, das satte Glucksen von Wasser. Kann man hören, welche Farbe das Geräusch oder der (das Geräusch auslösende) Gegenstand hat?

- *Olfaktorische Wahrnehmung:* Es können Riechdosen (z. B. Teedosen befüllt mit etwas Honig und Schokolade) eingesetzt werden, um die Unterschiedlichkeit der Farben mit Gerüchen zu unterstreichen: Kann man eine Farbe riechen? Lässt sich einem Geruch eine Farbe zuordnen? Nach welcher Farbe riecht Honig und nach welcher Farbe riecht Schokolade?
- Die letzten beiden Seiten, auf denen die bunten Herzen zu sehen sind, werden zuerst einmal zurückgehalten und die Kinder werden befragt, wie die Protagonistin Minimia nun einen Kuss gestalten könnte: Wie würdet ihr an Minimias Stelle einen Kuss malen? Erst dann folgt die Auflösung des Buchs. Wichtig ist es hier, deutlich zu machen, dass diese Antwort nur eine unter den vielen möglichen Antworten darstellt.

Phase nach dem Vorlesen der Geschichte

- *Haptische Wahrnehmung:* Vier Fühlboxen, eine mit Herbstblättern, Kastanien und Eicheln (passend zu den Buchseiten, die die Farbe braun beschreiben), eine mit trockenen Erbsen, Bohnen und Sonnenblumenkernen (grün und gelb gestaltete Seiten), eine mit Wolle oder Wollschal und Kuscheltier (weiße und schwarze Seiten) sowie eine Box mit einem feuchten Schwamm (steht für einen feuchten Kuss) werden an den entsprechenden Stellen herumgereicht. Wie fühlen sich die Erbsen an, wenn du sie blind erfühlst? Wie beschreibst du sie, wenn du sie dabei auch siehst? Gibt es einen Unterschied? Diese Aktivität kann wahlweise auch bereits in das Vorlesen oder ein zweites Vorlesen der Geschichte integriert werden.
- Dem Lesen kann sich dann das Malen eines eigenen Kussbildes anschließen. Wie sieht dieser Kuss aus? Welche Farbe hat er? Warum hast du diese Farbe ausgewählt? Es ist hier durchaus auch mit negativen Assoziationen der Kinder mit Küssen zu rechnen. So kann es sein, dass sie bestimmte Küsse nicht mögen, diese eklig finden oder von bestimmten Personen nicht geküsst werden möchten. Auch diesen Erfahrungen sollte in einem Gespräch Raum gegeben werden. So ist es wichtig, den Kindern zu vermitteln, hier seine eigenen Grenzen zu benennen und sich gegebenenfalls auch Hilfe zu holen, wenn die eigenen Grenzen nicht gewahrt werden (Prävention von Übergriffen im Bereich des sexuellen Missbrauchs).

Der Umsetzung kann sich eine kleine Ausstellung anschließen, in der Fühlkästen und Riechdosen sowie die Bilder der Kinder mit den unterschiedlichen Küssen dargestellt werden. Ziel ist es, über die unterschiedliche Wahrnehmung einerseits und über schöne und schlechte Küsse andererseits zu informieren. Die Ausstellung können andere Kindergruppen der Einrichtung und Besucher*innen der Einrichtung (Eltern, Fachkräfte) besuchen.

Weitere empfehlenswerte Bilderbücher für die Entwicklung von Mehrsinngeschichten

Alemagna, Beatrice (2018): Ein großer Tag, an dem fast nichts passierte. Weinheim/Basel: Beltz und Gelberg
Angel, Frauke und Kihßl, Elisabeth (2020): Ein eiskalter Fisch. Innsbruck: Tyrolia
Bauer, Jutta (2002): Die Königin der Farben. Weinheim: Beltz und Gelberg
Bonilla, Rocia (2018): Welche Farbe hat ein Kuss? Hamburg: Jumbo Verlag.
Hergane, Yvonne und Pieper, Christiane (2020): Später, sagt Peter. Wuppertal: Peter Hammer Verlag
Redonda, Susanne Gómez und Wimmer, Sonja (2016): Am Tag, als Saída zu uns kam. Wuppertal: Peter Hammer Verlag
Sanabria, José (2018): Ein Blatt im Wind. Zürich: NordSüd Verlag

13 Philosophieren mit Kindern als sprachbildendes Prinzip

Das Philosophieren mit Kindern ist einerseits gekennzeichnet durch eine spezifische Form der Gesprächsführung, andererseits aber auch ein didaktisches Prinzip, das auch stark durch den Inhalt selbst bestimmt wird. Philosophische Gespräche haben immer offene Fragen, auf die es keine eindeutigen Antworten gibt, zum Inhalt: Was macht den Menschen zum Menschen? Können Tiere denken? Wird es die Erde immer geben?

Das philosophische Gespräch hat seinen Ursprung in der sokratischen Gesprächsmethode, so soll bereits Sokrates in Anlehnung an seine Mutter, die Hebamme war, das Gespräch als *Mäeutisches Gespräch* beschrieben haben. Die Mäeutik ist die Kunst der Hilfestellung während der Geburt, und ähnlich soll Sokrates den Wert des guten Fragens im Sinne einer Unterstützung bei der Formulierung eines Gedankens gesehen haben. Heute wird diese Form der Gesprächsführung vor allem mit Jugendlichen und Erwachsenen praktiziert. Sie wird in der Therapie und in Gruppengesprächen eingesetzt und in diesem Kontext meist als *Sokratisches Gespräch* beschrieben. Auch in Schulen, wie zum Beispiel in Deutschland bereits in den 1920er Jahren in der *Erziehungsanstalt Walkemühle*, wurde diese Form unter der Leitung der Reformpädagogin Minna Specht praktisch erprobt.

Die Sokratische Gesprächsform kann als einer der wichtigen Ausgangspunkte für die später ab den 1970–80er Jahren in den USA entwickelte Form des »Philosophizing for Children« (Lipman, Sharp & Oscanyon 1980) und »Philosophizing with Children« (Matthews 1984) gesehen werden. Die beiden Ansätze entwickelten sich in etwa parallel und während Lipman einen stärker am Kanon der klassischen Philosophie orientierten Ansatz verfolgte, stand bei Matthews stärker die Gesprächsorientierung und die Offenheit für die Fragen der Kinder selbst im Zentrum des Ansatzes. Seit den 1980er Jahren mit den Veröffentlichungen von Martens und Brüning fand das Philosophieren wieder stärker in der deutschsprachigen erziehungswissenschaftlichen Literatur Beachtung. Heute hat man den Eindruck, dass der Begriff des Philosophierens im Kontext der Kindesentwicklung oft schon fast inflationär gebraucht wird, ohne dass sich allerdings auf die entwickelte Methodik bezogen wird. Dabei wird der Begriff dann eher im Sinne eines inhaltlich beliebigen Nachdenkens über *Dit und Dat*, zum Beispiel auch als ein Nachdenken über Gefühle, beschrieben. Oft handelt es sich bei diesen Beispielen allerdings weniger um ein Nachdenken über wirklich offene Fragen des menschlichen Daseins. So kann zum Beispiel das Sprechen über Gefühle zwar auch im philosophischen Kontext erfolgen, hier haben wir es dann allerdings mit erkenntnistheoretischen philosophischen Fragen zu tun, die für den Einstieg ins Philosophieren mit Kindern eher nicht zu empfehlen sind, da sie zu den komplexesten und sehr abstrakten philosophischen Fragen gehören (Wie kann ich mir sicher sein, dass ein Gefühl echt ist? Kann ich dasselbe fühlen wie eine andere Person? Was macht ein Gefühl aus?). Beim Philosophieren mit Kindern geht es allerdings nicht in erster Linie um die Unterstützung der Gefühlsverarbeitung. Hier müsste man abgrenzend von einem psychologischen oder pädagogischen Gespräch sprechen, das dann allerdings meist nicht mehr thematisch offen erfolgt, sondern mit einem (unbewussten) Erziehungsziel einhergeht.

Die Philosophie als eigenständiger Bildungsbereich hat bislang noch nicht in allen Bildungsplänen der Kindertagesstätten der Bundesländer Deutschlands einen festen Platz gefunden. Der Bayrische Erziehungs- und Bildungsplan beschreibt das Philosophieren mit Kindern immerhin in einem eigenen Kapitel (Bayrisches Staatsministerium für Familie, Arbeit und Soziales & Staatsinstitut für Frühpädagogik München 2015, S. 417 ff.) als »Schlüsselprozess für die Bildungs- und Erziehungsqualität« (ebd., VIII), während die Hamburger Bildungsempfehlungen diesen Bildungsbereich fast gänzlich ignorieren. Hier wird einzig die Beschäftigung mit *ethisch und religiösen Fragen* im Zusammenhang benannt (Freie und Hansestadt Hamburg 2012, S. 21). Andere philosophische Bereiche, wie zum Beispiel Fragen nach dem Menschen (philosophische Anthropologie) und der Natur, werden weitgehend ausgeklammert, obgleich diese zu den Fragen gehören, die Kinder im Elementaralter oft besonders interessieren (Können Tiere denken? Wie ist die Erde entstanden? Sind Menschen auch Tiere?). Ein kleiner Bezug findet sich in den Hamburger Bildungsempfehlungen in den sogenannten Erkundungsfragen im Bildungsbereich Kommunikation und Sprache, so wird hier gefragt:

> »Werden Kinderfragen zum Ausgang gemeinsamen, dialogischen Denkens zwischen Kindern und Erwachsenen genutzt? Werden Kinder angeregt, etwa über Natur, Gerechtigkeit und Freundschaft zu philosophieren und dazu ihren eigenen Standpunkt zu entwickeln?« (ebd., S. 73).

13.1 Forschungsbefunde zum Zusammenhang des Philosophierens mit Kindern und Sprachkompetenzen

Im englischsprachigen Ausland hat das *Philosophieren mit Kindern* eine längere Tradition, so wird es zum Beispiel in Großbritannien oftmals im Kontext einer Förderung des *Critical Thinking* eingesetzt und als wichtiger Bestandteil einer Denkförderung bereits in der Grundschule als Unterrichtsmethode umgesetzt (Cleghorn 2021). Auch im Kontext des inklusiven Lernens wird es dort bereits eingesetzt und inzwischen auch sein Potenzial für die Entwicklung von Kindern mit besonderen Bedürfnissen evaluiert (Cassidy, Marwick, Deeney & McLean 2018). Forschungsergebnisse, die positive Effekte auf die Entwicklung von Kindern belegen, gibt es im deutschsprachigen Raum erst wenige, im internationalen Raum dafür umso mehr. Besonders gut belegt sind Effekte auf die Entwicklungen von Argumentationsfähigkeiten und die Entwicklung von dialogischen Fähigkeiten (Daniel et al. 2005). Die positiven Auswirkungen des *Philosophierens mit Kindern* auf die Anzahl der produzierten Äußerungen sind ebenfalls gut dokumentiert (Daniel et al. 1999, S. 435; Trickey 2007, S. 189). So produzieren die Kinder beim Philosophieren mehr eigene Gesprächsbeiträge und die Beiträge der Erwachsenen gehen im Vergleich zu anderen Gesprächen zurück. Die Qualität der Diskussionsbeiträge veränderte sich, wie eine kleine Studie von Daniel und Delsol (2005, S. 23 ff.)

mit 20 Fünfjährigen zeigte. Die Äußerungen der Kinder wurden immer länger, während die Länge der Äußerungen der Pädagogin konstant blieb. Dieses Ergebnis ist interessant für die Linguistik, da längere Sprachäußerungen in der Regel auch mit einer komplexeren Sprache auf der grammatischen Ebene einhergehen.

Daniel, Pettier und Auriac-Slusarczyk (2011) untersuchten die diskursiven Fähigkeiten von Vierjährigen und stellten anhand der Diskussionsbeiträge der Kinder fest, dass sie bereits in der Lage sind zu philosophieren. Die diskursiven Fähigkeiten der Kinder waren einfach, aber ihre Diskurse waren in einer Bewegung der Dezentrierung und Abstraktion angesiedelt. Nach den Autor*innen weisen diese darauf hin, dass die Kinder zu philosophieren beginnen (ebd., S. 299). Siddiqui, Gorard und See (2017) führten eine groß angelegte Studie mit 2.722 Schüler*innen durch, die zeigte, dass Kinder, die regelmäßig philosophierten, nach der Intervention ihre eigenen Kommunikationsfähigkeiten besser einschätzen konnten als die Kinder in den Vergleichsgruppen. Der Effekt war in der Gruppe der benachteiligten Kinder noch stärker (ebd., S. 6).

Im Zusammenhang mit dem Spracherwerb ist die Länge einer Äußerung ein wichtiger Indikator für die Sprachqualität von Kleinkindern. Im Allgemeinen gilt: Je länger die Sätze der Kinder werden, desto höher ist ihre grammatikalische Komplexität. Allerdings wurden morphologische und syntaktische Fähigkeiten im Zusammenhang mit dem Philosophieren mit Kindern bisher kaum untersucht. Die Studie von Alt (2019) bestätigt den Einfluss des Philosophierens mit Kindern auf komplexe morphologische und syntaktische Strukturen, die sich in der Verwendung von Konnektoren bei Fünf- und Sechsjährigen zeigen. Der Vergleich der durchschnittlichen Ergebnisse in Sprachtests zeigt zwei Bereiche, in denen sich die Kinder in der philosophierenden Gruppe der Studie besser entwickelten: das allgemeine Gesprächsverhalten und die Verwendung anspruchsvollerer Konnektoren. Die Ergebnisse einer Pilotstudie in einer Grundschule bestätigen, dass die Beschäftigung mit offenen Fragen und komplexen Themen in philosophischen Diskussionen ebenfalls mit komplexeren Sprechakten bei Grundschüler*innen einhergeht (Alt & Michalik 2021).

13.2 Umsetzung des Philosophierens mit Kindern

Das *Philosophieren mit Kindern* wurde ursprünglich vor allem für Kinder im Alter von ungefähr 8–12 Jahren entwickelt. Inzwischen wird es zunehmend auch in Kindertagesstätten eingesetzt. Ein Philosophieren in Anlehnung an Fragen, die im Alltag entstehen, ist schon sehr früh umsetzbar. Kinder im sogenannten zweiten Fragealter im dritten Lebensjahr fragen viel nach dem »Warum?« und möchten sich ihre Welt um sich herum erschließen. Inwiefern es mit Drei- bis Vierjährigen schon möglich ist, auch philosophische Fragen zu vertiefen, ist stark vom Entwicklungsstand des jeweiligen Kindes abhängig und nicht pauschal am Alter festzumachen.

Ein Philosophieren mit einer Kleingruppe von Kitakindern ist bereits mit Vierjährigen in Abhängigkeit von Sprachstand und kognitivem Entwicklungsstand möglich, ab 5 Jahren ist es sehr gut umsetzbar (vgl. Alt 2019). Je heterogener die Lerngruppe, desto weniger wird man allerdings erwarten können, dass die Kinder alle gleichermaßen ins Philosophieren kommen. Grundsätzlich unterscheidet man zwei verschiedene Vorgehensarten, eine, die eher an den Fragen der Kinder selbst ansetzt (Matthews 1984), und eine, die stärker inhaltlich vorbereitet wird, zum Beispiel durch die Hinzuziehung geeigneter Impulse wie Bilder und Geschichten. Wird mit einem sehr offenen Ansatz des Philosophierens mit Kindern nach Matthews gearbeitet, bietet es sich an, mit einer Fragebox zu arbeiten, in die Kinder ihre Fragen hineinwerfen können. In der Kindertagesstätte muss hier bei der Verschriftlichung geholfen werden. Nach einer Sammlung von Fragen, die die Kinder interessieren, kann zum Beispiel demokratisch abgestimmt werden, über welche der Fragen die Kinder zuerst sprechen wollen. In diesem Prozess kann man mit den Kindern gemeinsam sortieren, welche der Fragen (leicht) zu beantworten sind und für welche Fragen man sich mehr Zeit nehmen muss, da sie nicht oder nur sehr schwer zu beantworten sind. So erlangen die Kinder bereits ein Bewusstsein dafür, was eine philosophische Frage ausmacht.

Die zweite Herangehensweise ist eine, die sich eher am Ansatz Lipmans orientiert. Die pädagogische Bezugsperson wählt eine Fragestellung aus

(z. B. auch aus der ersten Sammlung der Kinder) und bereitet sich auf die Einheit mit den Kindern vor, indem sie geeignetes Material auswählt, Impulsfragen zur Anregung des philosophischen Gesprächs formuliert und eine Reihung von kleineren Aktivitäten zur Thematik entwirft. Je jünger die Kinder sind, desto stärker ist meistens auch ihr Bewegungsdrang, dies sollte bei der Entwicklung des didaktischen Settings berücksichtigt werden. So können kleinere Bewegungsspiele oder andere Formen der Aktivierung verschiedener Sinneskanäle dazu beitragen, dass die Kinder länger konzentriert bei der Sache bleiben können.

Wichtig ist es, mit den Kindern vorab Gesprächsregeln einzuführen, damit alle sich in einem möglichst angstfreien Raum beteiligen können. Hilfreich ist die von Michalik und Schreier entwickelte Gesprächsregel »Alle Meinungen sind wichtig, und niemand wird ausgelacht.« (Michalik & Schreier 2006, 103). Der Sitzkreis bietet sich für das Gespräch an, da hier alle einander ansehen können und so die Bezugnahme auf die Äußerungen anderer leichter fällt. Ein Gesprächsstein oder anderer Gegenstand, der herumgegeben wird, kann bei der Einhaltung der Reihenfolge der Wortbeiträge helfen. Es können aber auch weitere Absprachen getroffen werden, wie die Doppelmeldung, um eine Dringlichkeit für einen direkten Bezug zu einer anderen Äußerung anzumelden, oder auch ein Schulterklopfen auf die eigene Schulter, das anzeigt, dass man das gleiche sagen wollte wie ein anderes Kind und deshalb seinen Wortbeitrag zurückzieht. Je öfter mit Kindern in dieser Form Gespräche geführt werden, desto besser verinnerlichen sie Gesprächsregeln.

Oft sind die Kinder sich leider sehr einig in ihren Ansichten und wiederholen zuvor formulierte Positionen. Für das philosophische Gespräch hilfreich ist es, wenn Themen auch kontroverse Meinungen hervorrufen. Im Kitaalter bestimmt allerdings oft der Wunsch, dem*der Freund*in sehr ähnlich sein zu wollen, den Gesprächsverlauf. Deswegen ist es hilfreich, mit den Kindern zu thematisieren, dass man einem*einer Freund*in beim Philosophieren auch widersprechen darf oder mit jemandem einer Meinung sein kann, mit dem man nicht gerne spielt. Michalik hat einige Impulsfragen entwickelt, die die Gesprächsleitung unterstützen können, Kontroversen zu entwickeln, Positionen zu hinterfragen und Begründungen bei den Kindern einzufordern. Sie unterscheidet dabei in Impulse, die die inhaltliche Auseinandersetzung anregen, und Impulse, die das Miteinander im Gespräch anregen (Michalik 2006, 2010):

»**Fragen und Impulse zur Intensivierung der inhaltlichen Auseinandersetzung**

Nachfragen, um Begriffe, Meinungen und Positionen zu klären:
Was meinst du, wenn du ... sagst? Kannst du das genauer erklären? Was bedeutet ...?
Begründungen und konkrete Beispiele einfordern:
Warum meinst du, dass ...? Kannst du einen Grund nennen? Gibt es ein Beispiel/ein Gegenbeispiel? Trifft das Beispiel immer zu?
Aussagen noch einmal zur Diskussion stellen und das Nachdenken über Alternativen anregen:
Ist das wirklich so? Gilt das für alle Fälle? Gibt es hier nur eine Möglichkeit/Meinung/Sichtweise/Lösung? Könnte es auch ganz anders sein?
Durchspielen von Konsequenzen und Folgen:
Wenn das der Fall wäre, müsste dann nicht auch ...? Was würde daraus folgen?
Erinnern an das Ausgangsproblem und Zusammenfassung des Gesprächsstands:
Wie passt das dazu? Was haben wir bisher herausgefunden? Wie sind wir zu diesem Punkt gekommen? Welche verschiedenen Meinungen haben wir gehört? Welche Fragen wollen wir weiter vertiefen?

Fragen und Impulse zur Intensivierung der Gesprächsqualität

Was sagst du dazu? Was meinst du dazu? Kannst du xy zustimmen? Wenn ja, warum? Wenn nein, warum nicht? Haben alle verstanden, was xy gesagt hat? Möchte jemand zu diesem Gedanken etwas sagen? Hat jemand etwas Ähnliches oder etwas ganz anderes gedacht? Wie passt das, was du gesagt hast, zu dem, was xy gesagt hat? Wer ist damit einverstanden, wer nicht?«

Die Nutzung dieser Gesprächsimpulse kann die Qualität des philosophischen Gesprächs und des Dialogs befördern und unterstützt die Fachkräfte in der Gesprächsleitung. Je mehr Erfahrung eine Gruppe bereits mit dem Philosophieren sammeln konnte, desto einfacher wird es auch für die Kinder meist im Verlauf der Zeit.

13.3 Philosophieren mit Bilderbüchern

Das Philosophieren anhand von Bilderbüchern wurde in den letzten 30 Jahren vor allem durch die Arbeiten von Murris (Südafrika) und Haynes (England) sowie Zoller-Morf (Schweiz) und Hering (Deutschland) didaktisch entwickelt. Die Idee ist, das Bilderbuch mit seiner Handlung oder auch nur einzelne Fragen, die sich an Bilder anschließen lassen, als Ausgangspunkt für das Philosophieren zu nutzen. Dabei sollten die Bilderbücher bestimmte Kriterien erfüllen, damit sie für das Philosophieren gut nutzbar sind (Alt 2018, S. 159 f.). Das Bilderbuch sollte

- Ambiguitäten in Bild und Text enthalten, die Fragen aufwerfen,
- ambivalente Charaktere enthalten, die Widerspruch auslösen (z. B. über Protagonist*innen, die sich zwischen den Polen des sozial erwünschten und unsozialen Verhaltens bewegen),
- Raum für Zweifel lassen durch Lücken, Deutungsspielräume, Leerstellen,
- nach unterschiedlichen Seiten hin auflösbar sein,
- Konflikte enthalten, auf die es keine eindeutigen Antworten gibt,
- nicht unterschwellig moralisieren,
- oder so stark moralisieren, dass man die Moral aus Ausgangspunkt für ein philosophisches Gespräch nutzen kann (z. B. in Märchen und Fabeln).

Bilderbücher oder auch einzelne Bilder können gut als Ausgangspunkt für das philosophische Gespräch genutzt werden, sie sind in diesem Kontext eher als »Themen- und Impulsgeber« zu sehen und weniger starr an der literarischen Vorlage orientiert als das klassische Vorlesegespräch im Vergleich (de Boer, Fuhrmann 2015, S. 168). Neben der Auswahl eines geeigneten Bilderbuchs oder eines »Impulsgebers« ist auch die Vorbereitung der Fachkräfte für eine gute Umsetzung entscheidend. Dafür braucht es insbesondere ein wenig Zeit und im Idealfall auch eine Schulung zur Umsetzung philosophischer Gespräche vorab. Im Rahmen des Studiengangs Bildung und Erziehung in der Kindheit wird dies in einem Seminar zur Entwicklung von Handlungskompetenzen angeboten. Ein Beispiel in einem Seminar an der HAW entwickelt zeigt, dass die Umsetzung schon nach kurzer Zeit und mit einfachen Mitteln erfolgen kann.

Bilderbuch: *Das platte Kaninchen* von Bárdur Oskarsson

Inhalt: In diesem Bilderbuch geht es um eine Ratte und einen Hund, die ein totes Kaninchen am Straßenrand liegen sehen. Sie wollen es dort nicht einfach liegenlassen und überlegen, wie sie das Kaninchen beerdigen können. Der Begriff der »Beerdigung« fällt jedoch in der Geschichte nicht, sodass sie einen großen Spielraum für Interpretationen bietet.

Thema: Umgang mit dem Tod; Was ist tot? Was ist lebendig? Wie sollte man mit den Toten umgehen?
Wichtig vor der Umsetzung des pädagogischen Angebots ist, vorab zu klären, ob ein Kind in jüngster Vergangenheit Erfahrungen oder eine nahe Begegnung mit dem Tod hatte. Wenn ja, sollte man gut überlegen und mit den Eltern besprechen, ob diese Thematik mit der Gruppe beziehungsweise diesem Kind zurzeit umsetzbar oder zu belastend ist.

Durchführung: mit ca. 10 Kindern im Vorschulalter
Dauer circa 45 Minuten

1. Sitzkreis bilden und die Gesprächsregeln besprechen (wir lassen uns aussprechen, keiner wird ausgelacht, alle Meinungen sind wichtig)
2. Das Bilderbuch vorlesen
3. Kinder können Fragen zur Geschichte stellen
4. Erste Gesprächsrunde zu den folgenden Impulsfragen:
   - Was denkt ihr, kann das Kaninchen (etwas) fühlen?
   - Was bedeutet lebendig für euch?

- Was bedeutet tot für euch?
5. Aufgabe: Bilder malen lassen zu der Frage:
   - Was würdet ihr dem Kaninchen bauen?
   - Wie würdet ihr sein Grab gestalten?
6. Zweite Gesprächsrunde zu den Bildern:
   - Was hast du gemalt?
   - Warum hast du dich dafür entschieden?
7. Über weitere Fragen philosophieren:
   - Was denkt ihr, warum wollen die beiden das Kaninchen woanders hinbringen?
   - Was wäre, wenn sie das Kaninchen liegen lassen würden?
   - Was meint ihr, wohin fliegt der Drache?

Material:
Papier und Stifte, um zur Thematik ins Malen zu kommen.

13.4 Zusammenfassung

Das Philosophieren mit Kindern bietet ein großes Potenzial in mehrerlei Hinsicht. Die Kinder lernen zu unterscheiden, dass es Fragen gibt, auf die es eindeutige, einfache Antworten gibt, und andere Fragen, auf die es keine eindeutigen Antworten gibt. Sie können sich hier vertieft mit Themen auseinandersetzen, für die sie sonst im Alltag vielleicht keine Gesprächspartner*innen finden (Was ist der Tod? Was macht eine*n gute*n Freund*in aus? Warum ist die Erde rund?).

Kinder lernen, dass Nachdenken Zeit braucht, man zusammen nachdenken kann und dass es bestimmte sprachliche und soziale Fähigkeiten braucht, um gut miteinander ins Gespräch zu kommen. Sie verstehen, dass eine Position begründet vorgetragen werden sollte, man unterschiedlicher Meinung und trotzdem miteinander befreundet sein kann. Im Bereich der Sprache eignen sie sich wichtige sprachliche Handlungsfähigkeiten an, wie die Formulierung einer Frage, argumentative Fähigkeiten, den Einsatz von

Nebensatzstrukturen und Konnektoren und auch wichtige kommunikative Fähigkeiten. Die stärkere Berücksichtigung philosophischer Themen im kindlichen Lebensalltag ist entsprechend aus verschiedenen Perspektiven wünschenswert und bedarf zukünftig einer stärkeren Verankerung in den Bildungsplänen.

Anhang

Literaturverzeichnis

Ahnert, L. (2007): Von der Mutter-Kind zur Erzieherinnen-Kind-Bindung? In: F. Becker-Stoll & M. Textor (Hrsg.), Die Erzieherin-Kind-Beziehung (3. Auflage). Berlin: Cornelsen.

Aktas, M. (2020): Voraussetzungen und Bedingungen eines erfolgreichen Spracherwerbs. In: S. Sachse, A.-K. Bockmann & A. Buschmann (Hrsg.), Sprachentwicklung (S. 45–64). Berlin, Heidelberg: Springer Berlin Heidelberg.

Albers, T. (2009): Sprache und Interaktion im Kindergarten. Eine quantitativ-qualitative Analyse der sprachlichen und kommunikativen Kompetenzen von drei- bis sechsjährigen Kindern. Bad Heilbrunn: Klinkhardt.

Alt, K. (2018): Wenn Menschen auf (andere) Tiere treffen – Philosophieren mit Kindern über Bilderbücher. In: S. May-Krämer, K. Michalik & A. Nießeler (Hrsg.), Mit Kindern über Medien und über Menschen und (andere) Tiere ins Philosophieren kommen (S. 153–167). Müster: Lit Verlag.

Alt, K. (2019): Sprachbildung im philosophischen Gespräch. Eine empirische Untersuchung in der Vorschule. Opladen, Berlin, Toronto: Barbara Budrich.

Alt, K. & Michalik, K. (2021): Sprachhandeln von Kindern beim Philosophieren – Ungewissheit als Medium für komplexes Denken und Sprechen im Sachunterricht. In: U. Franz, H. Giest, A. Hartinger & K. Michalik (Hrsg.), Sache und Sprache (S. 85–82). Bad Heilbrunn: Klinkhardt, 85–92.

Alt, K. & Michalik, K. (2022): Philosophizing with Children in the Community of Inquiry – Uncertainty as Medium for Connected and Complex Thinking and Speaking. In: E. Postiglione (Hrsg.), Fostering Inclusion in Education – Alternative Approaches to Progressive Educational Practices (S. 179–194). London: Palgrave Macmillan.

Andresen, H. (2013): Zur Problematik von Stufenmodellen der Erzählentwicklung in Spracherwerbsforschung und Sprachdidaktik. In: T. Becker & P. Wieler (Hrsg.), Erzählforschung und Erzähldidaktik heute. Entwicklungslinien, Konzepte, Perspektiven (S. 19–38). Tübingen: Stauffenberg Verlag.

Autorengruppe Bildungsberichterstattung (2020): Bildung in Deutschland 2020. Ein indikatorengestützter Bericht mit einer Analyse zu Bildung in einer digitalisierten Welt. Online verfügbar unter: https://www.bildungsbericht.de/de/bildungsberich

te-seit-2006/bildungsbericht-2020/pdf-dateien-2020/bildungsbericht-2020-barrie refrei.pdf, Zugriff am 01.06.2023.

Bayerisches Staatsministerium Familie, Arbeit und Soziales & Staatsinstitut für Frühpädagogik (2019): Der Bayerische Bildungs- und Erziehungsplan für Kinder in Tageseinrichtungen bis zur Einschulung (10. Auflage). Berlin: Cornelsen Skriptor.

Becker, T. (2011): Erzählkompetenz. In: M. Martinez (Hrsg.), Handbuch Erzählliteratur (S. 58–63). Stuttgart: Metzler.

Benzaquen, S., Gagnon, R., Hunse, C. & Foreman, J. (1990): The intrauterine sound environment of the human fetus during labor. American Journal of Obstetrics and Gynecology, 163(2), 484–490.

Berendes, K., Dragon, N., Weinert, S., Heppt, B. & Stanat, P. (2013): Hürde Bildungssprache? Eine Annäherung an das Konzept »Bildungssprache« unter Einbezug aktueller empirischer Forschungsergebnisse. In: A. Redder & S. Weinert (Hrsg.), Sprachförderung und Sprachdiagnostik. Interdisziplinäre Perspektiven (S. 17–41). Münster: Waxmann.

Bosma, J. F., Truby, H. M. & Lind, J. (1965): Cry Motions of the Newborn Infant. Acta Pædiatrica, 54, 60–92.

Boueke, D., Schülein, F., Bücher, H., Terhorst, E. & Wolf, D. (1995): Wie Kinder erzählen. Untersuchungen zur Erzähltheorie und zur Entwicklung narrativer Fähigkeiten. München: Wilhelm Fink Verlag.

Brown, R. (1973): A First Language: The Early Stages. Cambridge: Harvard University Press.

Bruner, J. S. (1987): Wie das Kind sprechen lernt (Psychologie-Sachbuch) (2., erg. Auflage, Nachdr.). Bern, Göttingen: Huber.

Byers-Heinlein, K., Burns, T. C. & Werker, J. F. (2010): The roots of bilingualism in newborns. Psychological Science, 21(3), 343–348.

Cassidy, C., Marwick, H., Deeney, L. & McLean, G. (2018): Philosophy with children, self-regulation and engaged participation for children with emotional-behavioural and social communication needs. Emotional and Behavioural Difficulties, 23(1), 81–96.

Chilla, S. (2008): Erstsprache, Zweitsprache, Spezifische Sprachentwicklungsstörung? Eine Untersuchung des Erwerbs der deutschen Hauptsatzstruktur durch sukzessiv-bilinguale Kinder mit türkischer Erstsprache (Philologia). Hamburg: Kovac.

Chilla, S. (2020): Mehrsprachige Entwicklung. In: S. Sachse, A.-K. Bockmann & A. Buschmann (Hrsg.), Sprachentwicklung (S. 109–130). Berlin, Heidelberg: Springer Berlin Heidelberg.

Chilla, S. (2022): Kindliche Mehrsprachigkeit: Grundlagen – Störungen – Diagnostik. Unter Mitarbeit von Ezel Babur und Monika Rothweiler. (3., vollständig überarbeitete Auflage.). München: Ernst Reinhardt Verlag.

Chilla, S., Rothweiler, M. & Babur, E. (2010): Kindliche Mehrsprachigkeit: Grundlagen – Störungen – Diagnostik. München: Ernst Reinhardt Verlag.

Choi, B., Wei, R. & Rowe, M. L. (2021): Show, give, and point gestures across infancy differentially predict language development. Developmental Psychology, 57(6), 851–862.

Chomsky, N. (1965): Aspects of the theory of syntax (Massachusetts Institute of Technology (Cambridge, Mass.). Research Laboratory of Electronics. Special technical report). Cambridge, Mass: MIT Press.

Clahsen, H. (1986): Die Profilanalyse: ein linguistisches Verfahren für die Sprachdiagnose im Vorschulalter (Logotherapia). Berlin: Marhold.

Clahsen, H. (1988): Normale und gestörte Kindersprache: linguistische Untersuchungen zum Erwerb von Syntax und Morphologie. Amsterdam, Philadelphia: J. Benjamins.

Cleghorn, P. (2021): Critical Thinking in the Elementary School: Practical Guidance for Building a Culture of Thinking. In: D. Fasko & F. Fair (Hrsg.), Critical Thinking and Reasoning. Theory, Development, Instruction, and Assessment (S. 149–167). Leiden, Boston: Koninklijke Brill Sense NV.

Crystal, D. (1998): Die Cambridge-Enzyklopädie der Sprache (Studienausg. 1995, Sonderausg.). Köln: Parkland-Verlag.

Cummins, J. (2000): Language, Power and Pedagogy. Bilingual Children in the Crossfire. Clevedon, Buffalo, Toronto, Sydney: Multilingual Matters.

Daniel, M.-F. & Delsol, A. (2005): Learning to dialogue in Kindergarten. A Case Study. Analytic teaching, 25, 23–52.

Daniel, M.-F., Lafortune, L., Pallascio, R. & Schleifer, M. (1999): Philosophical Reflection and Cooperative Practices in an Elementary School Mathematics Classroom. Canadian Journal of Education, 24, 426–440.

Daniel, M.-F., Lafortune, L., Pallascio, R., Splitter, L., Slade, C. & de la Garza, T. (2005): Modeling the Development Process of Dialogical Critical Thinking in Pupils Aged 10 to 12 Years. Communication Education. 54 (4), 334–354. doi: 10.1080/03634520500442194

Daniel, M.-F., Pettier, J.-C., & Auriac-Slusarczyk, E. (2011): The Incidence of Philosophy on Discursive and Language Competence in Four-Year-Old Pupils. Creative Education 2, 296–304.

Dannenbauer, M. (1999): Grammatik. In: S. Baumgartner & I. Füssenich (Hrsg.), Sprachtherapie mit Kindern (4. Auflage, S. 105–161). München: Ernst Reinhardt.

de Boer, H. (2015): Philosophieren als Unterrichtsprinzip – philosophische Gespräche mit Kindern. In: H. de Boer & M. Bonanati (Hrsg.), Gespräche über Lernen – Lernen im Gespräch (S. 233–250). Wiesbaden: Springer VS Verlag.

de Boer, H. & Fuhrmann, C. (2015): Mit Bilderbüchern philosophieren. In: M. Dehn & D. Merklinger (Hrsg.), Erzählen – Vorlesen – zum Schmökern anregen (S. 165–176). Frankfurt a. M.: Grundschulverband.

Ennemoser, M., Kuhl, J., & Pepouna, S. (2013): Evaluation des dialogischen Lesens zur Sprachförderung bei Kindern mit Migrationshintergrund. Zeitschrift Für Pädagogische Psychologie, 27(4), 229–239. https://doi.org/10.1024/1010-0652/a000109

Feilke, H. (2013): Bildungssprache und Schulsprache am Beispiel literal-argumentativer Kompetenzen. In: M. Becker-Mrotzek, K. Schramm, E. Thürmann & H. J. Vollmer (Hrsg.), Sprache im Fach. Sprachlichkeit und fachliches Lernen, 3 (S. 113-130). Münster: Waxmann.

Fischer, M. Y. & Pfost, M. (2015): Wie effektiv sind Maßnahmen zur Förderung der phonologischen Bewusstheit? In: Zeitschrift für Entwicklungspsychologie und Pädagogische Psychologie, 47 (1), 35–51.

Fischer, U. & Klicpera-Gasteiger, B. (2013): Prävention von Leseschwierigkeiten. Diagnose und Förderung im Anfangsunterricht. Didaktik Deutsch: Halbjahresschrift für die Didaktik der deutschen Sprache und Literatur, 19 (35), 63–81.

Fornefeld, B. (2011): Mehr- sinnliches Geschichtenerzählen. Eine Idee setzt sich durch. Berlin: LIT Verlag

Fornefeld, B. (2013): mehr-Sinn® Geschichten. Erzählen – Erleben – Verstehen. Düsseldorf: Selbstbestimmtes Leben.

Fornol, S. (2020): Bildungssprachliche Mittel. Eine Analyse von Schülertexten aus dem Sachunterricht der Primarstufe. Bad Heilbrunn: Klinkhardt Verlag.

Fornol, S., Heppt, B., Sutter, S., Hartinger, A., Rank, A.& Wildemann, A. (2015): Entwicklung und Erfassung bildungssprachlicher Mittel. Forschungserkenntnisse und Perspektiven. In: K. Liebers, B. Landwehr, A. Marquardt & K. Schlotter (Hrsg.), Lernprozessbegleitung und adaptives Lernen in der Grundschule. Forschungsbezogene Beiträge (S. 157–168). Wiesbaden: Springer.

Fox, A. V. & Dodd, B. J. (1999): Der Erwerb des phonologischen Systems in der deutschen Sprache. Sprache – Stimme – Gehör, 23, 183–191.

Fox-Boyer, A. & Neumann, S. (2017): Aussprachestörungen. In: A. Mayer & T. Ulrich (Hrsg.), Sprachtherapie mit Kindern (S. 14–84). München: Ernst Reinhardt Verlag.

Fox-Boyer, A. & Schwytay, J. (2017): Phonetische und phonologische Entwicklung ab dem zweiten Lebensjahr. In J. Siegmüller & H. Bartels (Hrsg.), Leitfaden Sprache Sprechen Stimme Schlucken (S. 34–37). München: Elsevier.

Freie und Hansestadt Hamburg (2012): Hamburger Bildungsempfehlungen für Bildung und Erziehung von Kindern in Kindertageseinrichtungen (2. Auflage). Hamburg: Stadt Hamburg. Online verfügbar unter: https://www.hamburg.de/contentblob/118066/2a650d45167e815a43999555c6c470c7/data/bildungsempfehlungen.pdf, Zugriff am 01.06.2023.

Fried, L. (2016): Sprachbildung/-förderung im Vorschulalter. In: J. Helm & A. Schwertfeger (Hrsg.), Arbeitsfelder der Kindheitspädagogik: eine Einführung (S. 198–208). Weinheim Basel: Beltz Juventa.

Fröhlich, L. P., Metz, D. & Petermann, F. (2010): Förderung der phonologischen Bewusstheit und sprachlicher Kompetenzen. Das Lobo-Kindergartenprogramm. Göttingen: Hogrefe.

Füssenich, I. (2002): Semantik (UTB für Wissenschaft Uni-Taschenbücher). In: S. Baumgartner & I. Füssenich (Hrsg.), Sprachtherapie mit Kindern: Grundlagen und Verfahren (5. Auflage, S. 63–104). München Basel: Reinhardt.

Füssenich, I. & Menz, M. (2014): Sprachliche Bildung, Sprachförderung, Sprachtherapie: Grundlagen und Praxisanregungen für Fachkräfte in Kitas. Berlin: Cornelsen.

Geers, A. E. & Nicholas, J. G. (2013): Enduring advantages of early cochlear implantation for spoken language development. Journal of speech, language, and hearing research: JSLHR, 56(2), 643–655.

Gogolin, I. (1994): Der monolinguale Habitus der multilingualen Schule (Internationale Hochschulschriften). Münster: Waxmann.

Gogolin, I. (2013): Chancen und Risiken nach PISA – über Bildungsbeteiligung von Migrantenkindern und Reformvorschläge. In: G. Auernheimer (Hrsg.), Schieflagen im Bildungssystem: die Benachteiligung der Migrantenkinder (5. Auflage., S. 33–50). Wiesbaden: Springer VS.

Gogolin, I. & Lange, I. (2011): Bildungssprache und Durchgängige Sprachbildung. In: S. Fürstenau & M. Gomolla (Hrsg.), Migration und schulischer Wandel: Mehrsprachigkeit (S. 107–127). Münster: Waxmann.

Gogolin, I. & Lüdi, G. (2015): Mehrsprachigkeit: Was ist Mehrsprachigkeit? In vielen Sprachen sprechen. Redaktion Magazin Sprache, Goethe-Institut e. V. Online verfügbar unter: https://www.goethe.de/de/spr/mag/lld/20492171.html, Zugriff am 24.01.2021.

Greene, K. J., Peña, E. D. & Bedore, L. M. (2013): Lexical choice and language selection in bilingual preschoolers. Child Language Teaching and Therapy, 29(1), 27–39.

Grewe, N. (2014): Prima Klima. Ideen zur Verbesserung des Klassenklimas. Projektberichte der Teilnehmerinnen und Teilnehmer der KIK-Fortbildung. Online verfügbar unter: https://www.uni-hildesheim.de/media/fb1/psychologie/Arbeitsgruppen/Paedagogische_Psychologie/KIK_Brosch%0C3%BCre.pdf, Zugriff am 09.02.2023.

Grosjean, F. (1989): Neurolinguists, beware! The bilingual is not two monolinguals in one person. Brain and Language, 36(1), 3–15.

Grotlüschen, A., Buddeberg, K., Dutz, G., Heilmann, L. & Stammer, C. (2019): LEO 2018 – Leben mit geringer Literalität. Hamburg: Presseboschüre. Online verfügbar unter: https://leo.blogs.uni-hamburg.de/wp-content/uploads/2022/09/LEO2018-Presseheft.pdf, Zugriff am 31.01.2023.

Habermas, J. (1978): Umgangssprache, Wissenschaftssprache, Bildungssprache. Merkur (32), 327–342.

Halliday, M. K. A. (1978): Language as Social Semiotic: The Social Interpretation of Language and Meaning. London: Edward Arnold.

Hammer, C. S., Hoff, E., Uchikoshi, Y., Gillanders, C., Castro, D. C. & Sandilos, L. E. (2014): The language and literacy development of young dual language learners: A critical review. Early Childhood Research Quarterly, 29(4), 715–733.

Hänel-Faulhaber, B. (2018): Gebärdensprache, lautsprachunterstützende Gebärden und Bildkarten. Inklusive sprachliche Bildung in Kindertageseinrichtungen unter

Berücksichtigung alternativer Kommunikationssysteme. Eine Expertise der Weiterbildungsinitiative Frühpädagogische Fachkräfte (WIFF). München: DJI.

Hartung, N. (2015): Evaluation des Dialogischen Lesens unter Berücksichtigung der Durchführungsqualität. Universität Gießen: Dissertation.

Haynes, J. & Murris, K. (2012): Picturebooks, Pedagogoy and Philosophy. London: Routledge

Hellrung, U. (2019): Sprachentwicklung und Sprachförderung: beobachten – verstehen – handeln. Freiburg, Basel, Wien: Herder.

Hepper, P. G. (1988): Fetal »soap« addiction. Lancet, 331(8598), 1347–1348.

Hill, H. M. & Kuczaj II, S. A. (2017): The Development of Language. In: A. Slater & J. G. Bremner (Hrsg.), An introduction to developmental psychology (3. Auflage., S. 341–379). Hoboken, NJ: John Wiley & Sons Inc.

Hoff, E. (2018): Bilingual Development in Children of Immigrant Families. Child Development Perspectives, 12(2), 80–86.

Hoff, E. & Core, C. (2015): What Clinicians Need to Know about Bilingual Development. Seminars in Speech and Language, 36(02), 089–099.

Hormann, K. (2021): Lernwerkstattarbeit: Interaktionsgestaltung im Rahmen einer Lernwerkstatt. In K. Mackowiak, H. Wadepohl & C. Beckerle (Hrsg.), Interaktionen im Kita-Alltag gestalten. Stuttgart: Kohlhammer.

Hoffmann, N., Polotzek, S., Roos, J. & Schöler, H. (2008): Sprachförderung im Vorschulalter – Evaluation dreier Sprachförderkonzepte. Diskurs Kindheits- und Jugendforschung (3), 291–300.

Hövelbrinks, B. (2014): Bildungssprachliche Kompetenz von einsprachig und mehrsprachig aufwachsenden Kindern. Eine vergleichende Studie in naturwissenschaftlicher Lernumgebung des ersten Schuljahres. Dissertation. Weinheim: Juventa.

Hoyne, C. & Egan, S. M. (2019): Shared bookreading in early childhood. A Review of Influential Factors and Developmental Benefits. An Leanbh Og, 12(1), 77–92.

Huber, C. & Grosche, M. (2012): Das Response-to-Intervention-Modell als Grundlage für einen inklusiven Paradigmenwechsel in der Sonderpädagogik. Zeitschrift für Heilpädagogik 63(8), 312–322.

Iyer, S. N. & Oller, D. K. (2008): Prelinguistic Vocal Development in Infants with Typical Hearing and Infants with Severe-to-Profound Hearing Loss. The Volta Review, 108(2), 115–138.

Jahns, V., Beckerle, C., Mackowiak, K. & Kucharz, A (2013): Ein Konzept, das zum Umdenken anregt! Vorstellung eines kommunalen Konzeptes für eine durchgängige und alltagsintegrierte Sprachförderung. In: Kita Aktuell BW, 11, 261–263.

Johannsen, T. & Keller, L. (2022): Lernunterstützende Fachkraft-Kind-Interaktionen in Kitas. Mikroanalytische Untersuchung der Effekte der KoAkiK-Weiterqualifizierung mit B-LuKA. 261–263. Online verfügbar unter: https://unipub.uni-graz.at/download/pdf/7850924.pdf, Zugriff am 16.02.2023.

Kajamies, A., Lepola, J. & Mattinen, A. (2019): Scaffolding children's narrative comprehension skills in early education and home settings. In: Story in Children's Lives: Contributions of the Narrative Mode to Early Childhood Development, Literacy, and Learning (S. 153–173). Cham: Springer.

Kannengieser, S. (2019): Sprachentwicklungsstörungen: Grundlagen, Diagnostik und Therapie – mit Zugang zur Medizinwelt (4. Auflage). München: Urban & Fischer in Elsevier.

Kany, W. & Schöler, H. (2010): Fokus: Sprachdiagnostik: Leitfaden zur Sprachstandsbestimmung im Kindergarten (Frühe Kindheit Sprache & Literacy) (2., erw. Auflage). Berlin: Cornelsen Scriptor.

Karmiloff-Smith, A. (1992): Beyond modularity: a developmental perspective on cognitive science (Learning, development, and conceptual change). Cambridge, Mass: MIT Press.

Kauschke, C. (2003): Entwicklung, Störungen und Diagnostik lexikalischer Prozesse – Wortverständnis und Wortproduktion. Sprache · Stimme · Gehör, 27(3), 110–118.

Kauschke, C. (2012): Kindlicher Spracherwerb im Deutschen: Verläufe, Forschungsmethoden, Erklärungsansätze (Germanistische Arbeitshefte). Berlin, Boston: de Gruyter.

Kauschke, C. (2017): Frühe Sprachauffälligkeiten. In: J. Siegmüller & H. Bartels (Hrsg.), Leitfaden Sprache, Sprechen, Stimme, Schlucken (5., erw. und vollständig überarbeitete Auflage, S. 62–72). München: Elsevier.

Kauschke, C. & Stan, A. (2004): Semantische Entwicklung am Beispiel kindlicher Fehlbenennungen. Linguistische Berichte, 198, 191–219.

Khan, K. S., Gugiu, M. R., Justice, L. M., Bowles, R. P., Skibbe, L. E. & Piasta, S. B. (2016): Age-related progressions in story structure in young children's narratives. Journal of Speech, Language, and Hearing Research, 59 (6), 1395–1408.

Kolb, N. & Fischer, U. (2019): QITA: Qualität in zwei- und mehrsprachigen Kindertageseinrichtungen: Kriterienhandbuch für den Bereich Sprache und Mehrsprachigkeit: ein Projekt begleitet und gefördert von der Robert Bosch Stiftung. Hildesheim: Universitätsverlag Hildesheim.

König, A. (2014): Interaktion als didaktisches Prinzip. Bildungsprozesse bewusst begleiten und gestalten (2. Auflage). Schaffhausen: Schubi.

Kucharz, D., Mackowiak, K. & Beckerle, C. (2015): Alltagsintegrierte Sprachförderung: ein Konzept zur Weiterqualifizierung in Kita und Grundschule. Weinheim, Basel: Beltz.

Kuhl, P. K., Stevens, E., Hayashi, A., Deguchi, T., Kiritani, S. & Iverson, P. (2006): Infants show a facilitation effect for native language phonetic perception between 6 and 12 months. Developmental Science, 9(2), F13–F21.

Küspert, P. & Schneider, W. (2018): Hören, lauschen, lernen (7. Auflage). Göttingen: Vandenhoeck Ruprecht

Lee, G. Y. & Kisilevsky, B. S. (2014): Fetuses respond to father's voice but prefer mother's voice after birth. Developmental Psychobiology, 56(1), 1–11.

Lemmer, R., Voet Cornelli, B. & Schulz, P. (2021): Warum Sprachdiagnostik bei Mehrsprachigkeit von besonderer Bedeutung ist. Praxis Sprache, 4, 204–210.
Lengyel, D. (2012): Sprachstandsfeststellung bei mehrsprachigen Kindern im Elementarbereich. Eine Expertise der Weiterbildungsinitiative Frühpädagogische Fachkräfte (WIFF). Frankfurt a. M.: Deutsches Jugendinstitut e. V. Online verfügbar unter: https://www.weiterbildungsinitiative.de/publikationen/details/data/sprachstandsfeststellung-bei-mehrsprachigen-kindern-im-elementarbereich/, Zugriff am 04.08.2020.
Levin, A. (2005): Lernen durch Fragen. Wirkung von strukturierenden Hilfen auf das Generieren von Studierendenfragen als begleitende Lernstrategie. In: D. H. Rost (Hrsg.), Reihe Pädagogische Psychologie und Entwicklungspsychologie. Münster: Waxmann.
Lipman, M., Sharp, A. M. & Oscanyan, F. S. (1980): Philosophy in the classroom. Philadelphia: Temple University Press.
Ludolph, A. (2021): Kritische Auseinandersetzung mit der vorgestellten Mehrsinnesgeschichte zu dem Bilderbuch »Welche Farbe hat ein Kuss?« von Rocio Bonilla. HAW Hamburg: Unveröffentlichte Seminararbeit.
Mackowiak, K., Mai, M., Keller, L., Johannsen, T., Linck, S. & Bethke, C. (2021): Unterstützung kindlicher Lernprozesse durch kognitiv anregende Interaktionen im Kita-Alltag. In: K. Mackowiak, H. Wadepohl & C. Beckerle (Hrsg.), Interaktionen im Kita-Alltag gestalten (S. 43–62). Stuttgart: Kohlhammer.
Mackowiak, K., Wadepohl, H. & Beckerle, C. (2021): Interaktionen im Kita-Alltag gestalten. Stuttgart: Kohlhammer.
Mähler, C. & Koch, K. (2021): Fühlen-Denken-Sprechen (FDS): Chancen und Grenzen alltagsintegrierter Sprachförderung. In: M. von Salisch, O. Hormann & P. Cloos, (Hrsg.), Fühlen Denken Sprechen. Alltagsintegrierte Sprachbildung in Kindertageseinrichtungen (S. 171–178). Münster, New York: Waxmann.
Markman, E. M. (1990): Constraints Children Place on Word Meanings. Cognitive Science, 14(1), 57–77.
Matthews, G. (1984): Dialogues with children. London: Harvard University Press.
Mayr, T., Kieferle, C. & Schauland, N. (2014): liseb. 1/2, Begleitheft: Begleitheft zu den Beobachtungsbögen liseb-1 und liseb-2. Freiburg im Breisgau: Herder.
Mayr, T. & Ulrich, M. (2006): Seldak. Sprache und Literacy bei deutschsprachig aufwachsenden Kindern. Freiburg: Herder.
McLesky, J. & Waldron, N. (2011): Educational Programs for Elementary Students with Learning Disabiliies. Can they both be effective and inclusive? Learning Disabilities Research & Practise. 26, 48–57.
Meisel, J. M. (2009): Second Language Acquisition in Early Childhood. Zeitschrift für Sprachwissenschaft, 28(1), 5–34.
Merklinger, D. (2012): Schreiben lernen durch Diktieren. Theoretische Grundlagen und Praxisbeispiele für Diktiersituationen. Berlin: Cornelsen.
Michalik, K. (2006): Zur Methodik von Nachdenkgesprächen. Grundschule Sachunterricht, 31, 7–11.

Michalik, K. (2010): Methoden des Philosophierens mit Kindern. Grundschulunterricht Sachunterricht, 1, 39–44.

Mol, S. E., Bus, A. G., de Jong, M.T. & Smeets, D. J. H. (2008): Added Value of Dialogic Parent-Child Book Readings: A Meta-Analysis. Early Education & Development, 19, 7–26.

Monkowius, S. & Pieper, M. (2021): Literatur mit allen Sinnen erleben. Eine Mehr-Sinn-Geschichte zum Bilderbuch »Ein großer Tag, an dem fast nichts passierte«. Menschen, 2, 72–73.

Moon, C., Cooper, R. P. & Fifer, W. P. (1993): Two-day-olds prefer their native language. Infant Behavior and Development, 16(4), 495–500.

Moore, J. K. & Linthicum, F. H. (2007): The human auditory system: a timeline of development. International Journal of Audiology, 46(9), 460–478.

Morek, M. (2013): Erzählkreise: Narrativ eingebettete Erklärsequenzen als authentische Gesprächsanlässe im Unterricht. In: T. Becker & P. Wieler (Hrsg.), Erzählforschung und Erzähldidaktik heute (S. 627–644). Entwicklungslinien, Konzepte, Perspektiven. Tübingen: Stauffenberg Verlag.

Morek, M. & Heller, V. (2012): Bildungssprache – Kommunikative, epistemische, soziale und interaktive Aspekte ihres Gebrauchs. Zeitschrift für angewandte Linguistik, 57(1), 67–101.

Murillo, E. & Belinchón, M. (2012): Gestural-vocal coordination: Longitudinal changes and predictive value on early lexical development. Gesture, 12(1), 16–39.

Neugebauer, U. & Becker-Mrotzek, M. (2013): Die Qualität von Sprachstandsverfahren im Elementarbereich eine Analyse und Bewertung. Köln: Mercator-Inst. für Sprachförderung und Deutsch als Zweitsprache. Online verfügbar unter: https://www.mercator-institut-sprachfoerderung.de/fileadmin/user_upload/Mercator-Institut_Qualitaet_Sprachstandsverfahren_Web_03.pdf, Zugriff am 25.03.2019.

Nickel, S. (2006): Orthographieerwerb und die Entwicklung von Sprachbewusstheit. Norderstedt: Books on Demand.

Nickel, S. (2013): Der Erwerb von Schrift in der frühen Kindheit. In: M. Stamm & D. Edelmann (Hrsg.): Handbuch Frühkindliche Bildungsforschung (S. 501–513). Wiesbaden: Springer VS.

OECD. (2018): Programme for International Student Assessment (PISA) – PISA 2018 Ergebnisse – Ländernotiz Deutschland. Online verfügbar unter: https://www.oecd.org/berlin/themen/pisa-studie/PISA2018_CN_DEU_German.pdf, Zugriff am 17.09.2020.

Ohlhus, S. & Stude, J. (2009): Erzählen im Unterricht der Grundschule. In: M. Becker-Mrotzek (Hrsg.), Mündliche Kommunikation und Gesprächsdidaktik (S. 471–486). Baltmannsweiler: Schneider Verlag Hohengehren.

Panagiotopoulou, A. (2016): Mehrsprachigkeit in der Kindheit Perspektiven für die frühpädagogische Praxis. Eine Expertise der Weiterbildungsinitiative Frühpädagogische Fachkräfte (WiFF). München: Deutsches Jugendinstitut.

Partanen, E., Kujala, T., Tervaniemi, M. & Huotilainen, M. (2013): Prenatal Music Exposure Induces Long-Term Neural Effects. PLoS ONE, 8(10): e78946.

Piaget, J. & Inhelder, B. (1993): Die Psychologie des Kindes. München: dtv.

Pianta, R., La Paro, K. & Hamre, B. (2008): Classroom Assessment Scoring System. Manual (Pre-K). Baltimore: Paul H. Brookes Publishing Co.

Qin, W., Kingston, H. C. & Kim, J. S. (2019): What does retelling ›tell‹ about children's reading proficiency? First Language 39 (2), 177–199.

Rahn, V. & Damag, A. (2018): Mehr-Sinn-Geschichten. Ein Zugang zu literarischer Bildung für alle. Grundschule Deutsch (58), 16–19.

Rank, A., Wildemann, A., Hartinger, A. & Tietze, S. (2018): Early Steps into Science and Literacy – EASI Science-L Teil 1 Wirkungen sprachlicher Anregungsqualität in naturwissenschaftlichen Bildungsangeboten auf die sprachlichen Fähigkeiten von Vorschulkindern. In: Stiftung Haus der kleinen Forscher (Hrsg.), Wirkungen naturwissenschaftlicher Bildungsangebote auf pädagogische Fachkräfte und Kinder. Wissenschaftliche Untersuchungen zur Arbeit der Stiftung Haus der kleinen Forscher (S. 140–193). Opladen, Berlin, Toronto: Verlag Barbara Budrich.

Reich, H. H. & Roth, H.-J. (2004): Hamburger Verfahren zur Analyse des Sprachstands Fünfjähriger – HAVAS 5. Hamburg: Landesinstitut für Lehrerbildung und Schulentwicklung.

Ritterfeld, U. (2000): Welchen und wieviel Input braucht das Kind? In: H. Grimm (Hrsg.), Enzyklopädie der Psychologie (S. 403–432). Göttingen: Hogrefe.

Röhner, C., König, K., Hövelbrinks, B. & Archie, C. (2015): Aufgaben kognitiv anregender Sprachbildung im Elementar- und Primarbereich: Emprische Erforschung pädagogisch-didaktischer Ansätze und Möglichkeiten der Professionalisierung. In: K. Liebers, B. Landwehr, A. Marquardt & K. Schlotter (Hrsg.), Lernprozessbegleitung und adaptives Lernen in der Grundschule (S. 79–94). Wiesbaden: Springer.

Roos, J. & Sachse, S. (2019): Die Entwicklung von Mehrsprachigkeit und mögliche Einflussfaktoren. Frühe Kindheit, (1), 14–21.

Ruberg, T. (2013): Problembereiche im kindlichen Zweitspracherwerb. Sprache · Stimme · Gehör, 37(04), 181–185.

Ruberg, T. & Rothweiler, M. (2011): Der Erwerb des Deutschen bei Kindern mit nichtdeutscher Erstsprache. Sprachliche und außersprachliche Einflussfaktoren. Eine Expertise der Weiterbildungsinitiative Frühpädagogische Fachkräfte (WIFF). Online verfügbar unter: https://www.weiterbildungsinitiative.de/filead min/Redaktion/Publikationen/WiFF_Expertise_12__RothweilerRuberg_Inter net.pdf, Zugriff am 20.04.2023.

Ruberg, T. & Rothweiler, M. (2012): Spracherwerb und Sprachförderung in der KiTa. Stuttgart: Kohlhammer.

Ruberg, T., Rothweiler, M. & Koch-Jensen, L. (2013): Spracherwerb und sprachliche Bildung: Lern- und Arbeitsbuch für sozialpädagogische Berufe Arbeitsbuch (Ausbildung und Studium) Köln: Bildungsverl. EINS.

Schleppegrell, M. J. (2001): Linguistic Features of the Language of Schooling. Linguistics an Education 12 (4), 431–459.

Schleppegrell, M. J. (2004): The language of schooling: A functional linguistics perspective. Mawah, New Jersey, London: Lawrence Erlbaum Associates Publishers.

Schneider, W., Becker-Mrotzek, M., Hasselhorn, M., Kammermeyer, G., Rauschenbach, T., Roßbach, H.-G. et al. (2012): Expertise »Bildung durch Sprache und Schrift (BiSS)«: Bund-Länder-Initiative zur Sprachförderung, Sprachdiagnostik und Leseförderung. Online verfügbar unter: http://www.biss-sprachbildung.de/ueber-biss/biss-expertise, Zugriff am 24.05.2019.

Schoenbrodt, L., Kerins, M. & Gesell, J. (2003): Using Narrative Language Intervention as a Tool to Increase Communicative Competence in Spanish-Speaking Children, Language Culture and Curriculum, 16 (1), 48–59.

Schöler, H. & Brunner, M. (2008): Heidelberger Auditives Screening in der Einschulungsuntersuchung (HASE) (2. überarbeitete Auflage). Wertingen: Westra.

Schulz, P. & Tracy, R. (2011): Linguistische Sprachstandserhebung – Deutsch als Zweitsprache (LiSe-DaZ). Göttingen: Hogrefe.

Siddiqui, N., Gorard, S. & Huat See, B. (2017): Non-cognitive impacts of philosophy for children. Project Report. Durham University: School of Education.

Siraj-Blatchford, I. (2009): Conceptualising progression in the pedagogy of play and sustained shared thinking in early childhood education: a Vygotskian perspective. Education and Child Psychology, 26 (2), 77–89.

Skerra, A. (2018): Scaffolding: Erfolgreich deutsche Sprache bilden und fördern im inklusiven Unterricht. Potsdam: Potsdamer Zentrum für empirische Inklusionsforschung (ZEIF). Online verfügbar unter: https://www.uni-potsdam.de/fileadmin/projects/inklusion/PDFs/ZEIF-Blog/Skerra_2018_Scaffolding.pdf, Zugriff am 15.05.2023.

Spinner, K. H. (2006): Literarisches Lernen. Praxis Deutsch H., 200, 6–16.

Stahns, R. (2016): Bildungssprachliche Merkmale von Texten und Items. Zur Operationalisierung des Konstrukts »Bildungssprache«. Didaktik Deutsch (41), 44–55.

Steinbrenner, M. (2018): Sprachliche Bildung, Bildungssprache und die Sprachlichkeit der Literatur. Leseräume. Zeitschrift für Literalität in Schule und Forschung (4), 7–21.

Sterner, F., Skolaude, D., Ruberg, T. & Rothweiler, M. (2014): Versuch macht klug und gesprächig. In: Elbkinder Materialien (Hrsg.), Heft 1: Theoretische Grundlagen. Online verfügbar unter: https://www.elbkinder-kitas.de/files/versuch_macht_klug/vmkug_heft_01_web.pdf, Zugriff am 31.01.2023.

Stude, J. (2013): Narrative Bewusstheit als Ressource des Erzählerwerbs – Welche Einsichten uns kindliche Kommentare zum eigenen Erzählen liefern. In: T. Becker & P. Wieler (Hrsg.), Erzählforschung und Erzähldidaktik heute. Entwicklungslinien, Konzepte, Perspektiven (S. 53–71). Tübingen: Stauffenburg Verlag.

Szagun, G. (2019): Sprachentwicklung beim Kind: mit E-Book inside (7. überarbeitete Auflage). Weinheim Basel: Beltz.
Tietze, S., Rank, A. & Wildemann, A. (2016): Erfassung bildungssprachlicher Kompetenzen von Kindern im Vorschulalter. Grundlagen und Entwicklung einer Ratingskala (RaBi). Online verfügbar unter: https://www.pedocs.de/volltexte/2016/12076/pdf/Tietze_Rank_Wildemann_2016_Erfassung_bildungssprachlicher_Kompetenzen.pdf, Zugriff am 15.05.2023.
Tracy, R. (1996): Vom Ganzen und seinen Teilen: Fallstudien zum doppelten Erstspracherwerb. Sprache und Kognition, 15(1/2), 70–92.
Tracy, R. (2007): Wie Kinder Sprachen lernen und wie wir sie dabei unterstützen können. Tübingen: Francke.
Trickey, S. (2007): Promoting Social and Cognitive Development in Schools. An Evaluation of »Thinking Through Philosophy«. The 13th International Conference on Thinking. Online verfügbar unter: http://www.ep.liu.se/ecp/021/vol1/ecp07021.pdf, Zugriff am 17.03.2021.
Tullet, H. (2020): Das Mitmachbuch. Rheinfelden: Christophorus Verlag
Uccelli, P., Galloway-Phillips, E., Barr, C., Meneses, A. & Dobbs, C. (2015): Beyond vocabulary: Exploring cross-disciplinary academic-language proficiency and its association with reading comprehension. Reading Research Quarterly, 50(3), S. 337–356.
Ulber, D. & Imhof, M. (2014): Beobachtung in der Frühpädagogik: theoretische Grundlagen, Methoden, Anwendung. Stuttgart: Kohlhammer.
Ulich, M. & Mayr, T. (2003): SISMIK – Sprachverhalten und Interesse an Sprache bei Migrantenkindern in Kindertageseinrichtungen: Begleitheft zum Beobachtungsbogen SISMIK. Freiburg im Breisgau: Herder.
Ulich, M. & Mayr, T. (2006): Seldak – Sprachentwicklung und Literacy bei deutschsprachig aufwachsenden Kindern. Freiburg im Breisgau: Herder.
Voet Cornelli, B., Geyer, S., Müller, A., Lemmer, R., Schulz, P. & Tracy, R. (2020): Vom Sprachprofi zum Sprachförderprofi: linguistisch fundierte Sprachförderung in Kita und Grundschule (Pädagogik). Weinheim, Basel: Beltz.
von Salisch, M. & Cloos, P. (2021): Das Konzept. In: M. von Salisch, O. Hormann, P. Cloos, K. Koch & M. Mähler (Hrsg.), Fühlen Denken Sprechen. Alltagsintegrierte Sprachbildung in Kindertageseinrichtungen (S. 7–11). Münster, New York: Waxmann.
Wadepohl, H. & Böckmann, S. (2021): Gestaltung von Fachkraft-Kind-Beziehungen. In: K. Mackowiak, H. Wadepohl & C. Beckerle (Hrsg.), Interaktionen im Kita-Alltag gestalten (S. 21–42). Stuttgart: Kohlhammer.
Weinert, S. & Grimm, H. (2018): Sprachentwicklung. In: W. Schneider & U. Lindenberger (Hrsg.), Entwicklungspsychologie (8., vollständig überarbeitete Auflage, S. 445–470). Weinheim, Basel: Beltz.
Weltzien, D. (2014): Pädagogik: Die Gestaltung von Interaktionen in der Kita. Merkmale, Beobachtung, Reflexion. Weinheim: Beltz Juventa.

Wermke, K. (2011): Säuglingsschreien und seine Entwicklungskonsequenzen. In: H. Keller (Hrsg.), Handbuch der Kleinkindforschung (4., vollständig überarbeitete Auflage, S. 644–665). Bern: Verlag Hans Huber.

Wermke, K. & Mende, W. (2009): Musical elements in human infants cries: In the beginning is the melody. Musicae Scientiae, Special Issue 2009–2010, 151–175.

Wermke, K., Robb, M. P. & Schluter, P. J. (2021): Melody complexity of infants' cry and non-cry vocalisations increases across the first six months. Scientific Reports, 11(1), 4137.

Wertfein, M. Wirts, C. & Wildgruber, A. (2015): Bedingungsfaktoren für gelingende Interaktionen zwischen ErzieherInnen und Kindern. Ausgewählte Ergebnisse der BIKE-Studie. München: Staatsinstitut für Frühpädagogik.

Wildemann, A., Rank, A., Hartinger, A. & Sutter, S. (2016): Bildungssprache im Kontext kindlicher Entwicklung. Eine Studie zur Erfassung früher bildungssprachlicher Fähigkeiten. In: B. Koch-Priewe & M. Krüger-Potratz (Hrsg.), Qualifizierung für sprachliche Bildung. Programme und Projekte zur Professionalisierung von Lehrkräften und pädagogischen Fachkräften (S. 65–81). Münster, New York: Waxmann.

Wilken, E. (2021): Unterstützte Kommunikation. Eine Einführung in Theorie und Praxis (6. Auflage). Stuttgart: Kohlhammer.

Willige, K. (2008): Interaktionsverhalten von Erzieherinnen: Eine Fallstudie zum Gebrauch von Sprachlehrstrategien im Elementarbereich. Universität Hamburg: Unveröffentlichte Diplomarbeit.

Woodward, S. C. & Guidozzi, F. (1992): Intrauterine rhythm and blues? British Journal of Obstetrics and Gynaecology, 99(10), 787–789.

Wygotsky, L. S. (1978): Mind in society: The development of higher psychological processes. Cambridge: Harvard University Press.

Young, H. & Lambe, L. (2011): Multi-Sensory Storytelling: For People with Profound and Multiple Learning Disabilities. Sharing ideas and information, 23 (1), 29–31. Online verfügbar unter: http://pamis.org.uk/site/uploads/pamis-resources-multisensory-storytelling.pdf, Zugriff am 27.12.2021.

Zevenbergen, A. A. & Whitehurst, G. J. (2003): Dialogic reading. A shared picture Book Reading Intervention for Preschoolers. In: A. van Kleeck, S. Stahl, & E. Bauer (Hrsg.), On reading books for children, parents and teachers (S. 177–200). Mawah: Erlbaum.

Zimmer, R. (2019): BaSiK: begleitende alltagsintegrierte Sprachentwicklungsbeobachtung in Kindertageseinrichtungen – Manual (3., überarbeitete Auflage). Freiburg, Badel, Wien: Herder.

Zoller Morf, E. (2010): Selber Denken macht schlau. Oberhofen: Zytglogge.

Zollinger, B. (2004): Spracherwerbsstörungen. Grundlagen zur Früherfassung und Frühtherapie (7. Auflage). Bern: Haupt.

Zollinger, B. (2007): Die Entdeckung der Sprache (7., unveränd. Auflage). Bern, Stuttgart, Wien: Haupt.